新时代建设工程项目管理探索

梁鹏飞◎著

中国纺织出版社有限公司

内 容 提 要

本书以新时代建筑工程项目为载体，将建设施工组织和施工项目管理的理论、方法融为一体，形成较为完整的知识体系。全书共 7 章，主要内容包括：建设工程项目管理概述、建设工程项目管理与组织、建设工程项目施工成本管理、建设工程项目质量管理、建设工程项目进度管理、建设工程项目投资管理、建设工程项目职业健康安全及环境管理。本书紧紧围绕土建类专业的人才培养方案，注重理论知识适用，强化实践能力的思路，具有较强的学术价值与实用价值。本书主要适用于土木工程、工程管理、房地产经营管理、工程造价等专业的参考用书，也可作为工程相关从业人员的参考用书。

图书在版编目（CIP）数据

新时代建设工程项目管理探索/梁鹏飞著. --北京：中国纺织出版社有限公司，2022.11
ISBN 978-7-5229-0096-4

Ⅰ.①新… Ⅱ.①梁… Ⅲ.①基本建设项目－项目管理 Ⅳ.①F284

中国版本图书馆 CIP 数据核字(2022)第 222576 号

责任编辑：段子君　　责任校对：高　涵　　责任印制：储志伟

中国纺织出版社有限公司出版发行
地址：北京市朝阳区百子湾东里 A407 号楼　邮政编码：100124
销售电话：010—67004422　传真：010—87155801
http://www.c-textilep.com
中国纺织出版社天猫旗舰店
官方微博 http://weibo.com/2119887771
三河市延风印装有限公司印刷　各地新华书店经销
2022 年 11 月第 1 版第 1 次印刷
开本：787×1092　1/16　印张：10
字数：205 千字　定价：99.00 元

前 言

随着我国城市化进程步伐的加快，城市建设与管理越来越受到人们的关注和重视。这不仅有助于改善我国的城市面貌，而且有助于提升我国城市的竞争水平。其中，建设工程项目管理作为一项代表新型管理模式的有效手段，对城市建设和管理的发展起着重要的作用。

建设工程项目管理是项目管理的一个类型，是在建设工程项目的生命周期内，用系统工程的理论、观点和方法进行规划、决策、组织、协调、控制等系统的、科学的管理活动，从而按项目既定的质量要求、时间、投资总额、资源限制和环境条件圆满地实现建设工程项目目标。自从建设工程项目管理被引入我国后，特别是随着社会经济制度的深入改革，以及加入 WTO 后与国际惯例接轨步伐的不断加快，建设工程项目管理的重要性已被越来越多的项目管理人员所认识，城市建设和管理的决策者们开始认识到运用建设工程项目管理知识、工具和技术可以大大减少项目的盲目性，减少项目中种种失误所带来的巨大损失。

由于现代工程建设的复杂性和综合性，以及改革开放以来建设行业的不断发展，传统的管理模式和方法已经不能适应新形势下工程建设项目管理的要求。因此，在实践中必须研究和采用新型管理理论，应用新方法和手段，不断总结经验教训，提高建设工程项目的管理水平。

目前市面上项目管理方面的书籍不少，但围绕我国的建设程序，具有可操作性的建设工程项目管理的书籍并不多。本书在编写过程中以国家最新颁布的行业法规、规范和标准为依据，以规范建设工程项目管理行为为原则，注重建设工程项目管理知识体系的系统性和完备性，系统阐述了建设工程项目的管理、项目管理与组织、施工成本管理、质量管理、进度管理、投资管理、职业健康安全及环境管理等内容。相信本书的出版对建设行业从业人员的指导、培训以及对建设行业人才的培养有较为现实的指导作用。

本书在编写过程中得到了不少专家、教授和建设工程项目管理专业人士的指导和帮助，并吸取了学术界的研究成果，参考了有关资料，在此一并表示感谢。由于作者水平有限，书中疏漏之处在所难免，恳请同行专家以及广大读者批评指正。

著者

2022 年 6 月

目　录

第一章　建设工程项目管理概述

第一节　建设工程项目管理的相关概念

一、项目

（一）项目的定义

“项目”一词最早于20世纪50年代在汉语中出现（对共产主义国家的援外项目）。对于何为项目，不同的行业在不同的情境下表述略有区别，但目前使用最多也最为人们所熟悉和接受的定义如下：项目是指一系列独特的、复杂的并相互关联的活动，这些活动有一个明确的目标或目的，必须在特定的时间、预算、资源限定内，依据规范完成。在国际上，美国项目管理协会（Project Management Institute，PMI）在其出版的《项目管理知识体系指南》（*A Guide to the Project Management Body of Knowledge*，*PMBOK Guide*）中对项目所做的定义也许是最容易被理解的表述。该指南指出，项目是一种被承办的旨在创造某种独特产品或服务的临时性努力。一般来说，项目具有明确的目标和独特的性质：每一个项目都是唯一的、不可重复的，具有不可确定性、资源成本的约束性等特点。

项目对社会、对企业、对个人的意义都是非常重大的，所以项目管理被视为未来的黄金职业也不无道理。项目是一系列复杂工作的统称，是一项有待进行的活动，不是指完成工作后的最终成果，也不是指组织本身。如对于某新产品、新技术的研发，项目指的是研发过程，不是研发的新产品、新技术，也不是研发者。项目的含义极为广泛，可以是建设一项工程，如修建一座水电站、一栋大楼，也可以是从事某项科研课题，或开发一项新技术，举办一次体育活动，甚至写一封信。但是否要作为项目来管理，还取决于项目的客观特征和管理目标。许多相对简单、不甚重要的一次性事务未必需要作为一个项目来管理。

（二）项目的特征

项目一般具有唯一性、一次性、目标性、约束性、整体性、相对独立性、相互依赖性与冲突性等特征。

（1）唯一性。唯一性，也称单件性或独特性，是项目的最主要特征。项目的唯一性主要体现在项目的功能、目标、环境、条件、过程、组织等方面。就项目任务本身而言，项目的唯一性是指所有的项目都是唯一的。理论上讲，每个项目都不完全相同，正因为如此，对于每个项目只能进行单件处理，而不可能成批完成。项目的唯一性是对项目整体而言，并不排斥项目实施过程中某些环节存在重复性的工作。项目的唯一性从客观上提示了项目总是互不相同、不断变化的，这就要求项目管理不能用一成不变的组织方式和生产要素配置形式去管理项目，而必须根据项目任务的具体条件和特殊要求，采取针对性措施管理项目，以保证项目目标得以顺利实现。

（2）一次性。一次性，也称临时性，是指每个项目都有其确定的起点和终点。

（3）目标性。项目的结果可以是一种期望的产品，也可以是期望得到的某种特定的服务。项目的实施是一项社会经济活动，任何社会经济活动都有其目的。所以，项目必须有明确的目标，即项目的功能性要求，它是完成项目的最终目的，是项目产生、存在的依据。

（4）约束性。每个项目都需要运用各种资源来实施，而资源是有限的。项目是一种任务，任务的完成有其限定条件，这些限定条件就构成了项目的约束条件，主要包括时间、质量、资金等方面的限制或要求。有些项目的约束性是明显的、严格的，有些项目的约束性则是暗含的、宽松的。项目的约束性为完成项目任务提供了一个最低的标准要求。

（5）整体性。整体性，也称系统性。项目是为实现特定目标而展开的多项任务的集合，是一系列活动的有机结合，是一个完整的过程。一般来说，当某项任务的各种要素之间存在着某种密切关系，只有有机结合起来互相协助才能确保其目标的有效实现，这时就需要将其作为一个整体来处理，客观上也就形成了一个系统。

（6）相对独立性。项目是相对于特定的管理主体而存在的。对于某一主体构成的项目，对于另一主体未必能构成项目。如一栋大楼的施工是承担该项任务的施工企业的一个项目，对于未承担此项任务的施工企业来说就不是一个项目。

（7）相互依赖性与冲突性。项目依赖于特定的主体、组织而存在，项目常与组织中的其他项目、其他职能部门的工作相互作用，既有联系又有冲突，项目主管应清楚这些冲突并与有关部门保持紧密联系。

（三）项目的生命周期

项目的生命周期，是指一个项目自始至终的整个过程。为便于管理和控制项目，一般将这个过程划分成启动、规划设计、实施和收尾四个阶段。

（1）项目的启动阶段。项目的启动阶段，也称项目决策阶段，是项目生命周期的第一个阶段。这一阶段的主要任务是提出项目、定义项目和做出项目决策。这一阶段的输出物是项目委托合同的签订或者项目可行性研究报告被批准。在这一阶段，首先基于项目客户解决某个特定问题需要提出一个项目意向，并对项目意向进行必要的需求分析和识别，然后提出具体的项目建议书。在项目建议或项目提案获得通过以后，需要进一步开展详细程度不同的项目可行性分析，为项目决策提供依据。

（2）项目的规划设计阶段。项目可行性研究通过且决定“上马”，即项目诞生，首先由项目组织方正式任命项目经理，组建项目团队；再由项目经理组织制定项目的管理目标，编制各种各样的项目计划，开展必要的项目设计工作，全面界定项目及项目各阶段所需开展的工作，提出有关项目产出物的技术、经济、质量等方面的要求和规定。这一阶段是对项目工作进行全面的设计和规划，在这一阶段要完成项目的方案设计和实施规划。

（3）项目的实施阶段。在完成项目的规划和设计工作以后，项目组织方开始投入大量的人力、物力资源，按照既定的计划实施项目，监控项目的实施过程，发现项目实施与项目计划之间的偏差，并及时采取纠偏措施，以保证项目实施的结果与项目计划的要求和目标一致。

（4）项目的收尾阶段。项目的实施阶段结束并不意味着整个项目工作的全部结束，还需要经过一个完工交付的工作阶段，项目才算真正结束。在这一阶段，首先由项目组织方按照项目规划阶段提出的项目目标和各种具体要求，全面检验项目的整个工作结果和项目的产出物，然后进行项目验收和移交工作，直至项目客户最终接受项目的整个产出物和工作结果，项目才算最终结束。

在项目管理领域里，界定项目生命周期的意义在于：第一，虽然不同项目实施内容各有不同，甚至千差万别，但是不同项目在实施过程中都会经历几个类似的阶段，这是项目的一般规律，为项目管理提供了理论基础。第二，将项目的生命周期划分为几个不同的阶段，可更方便地管理和控制项目，更好地借鉴以往类似项目在各个阶段的经验和教训。

（四）项目的分类

从不同的角度，按不同的分类方法，可以将项目分为以下类别：

按项目成果的实体形态，可将项目分为实物项目和非实物项目。前者如建筑工程、水利工程、市政工程项目等，后者如科学研究、文艺演出项目等。

按项目的规模，可将项目分为大型项目、中型项目和小型项目。

按行业领域，可将项目分为国防项目、环保项目、农业项目和公路项目等。

按项目所属的主体，可将项目分为政府项目、企业项目和私人项目。

按项目的生命周期，可将项目分为长期项目和短期项目。

按项目的复杂程度，可将项目分为大型集成项目、复杂项目和一般项目等。

二、项目管理

（一）项目管理的概念

项目管理（Project Management，PM）这一名称起源于美国“曼哈顿计划”，后来华罗庚教授在20世纪50年代将其引进中国。项目管理是“管理科学与工程”学科的一个分支，是介于自然科学和社会科学之间的一门边缘学科，也有人说项目管理是管理学的一个分支学科。其内容主要包含范围管理、时间管理、成本管理、质量管理、人力资源管理、风险管理、沟通管理、采购与合同管理、综合管理。

项目管理的定义如下：项目管理是指项目管理主体在有限的资源约束条件下，为实现其目的，运用现代管理理论与方法，对项目活动进行系统化管理的过程。项目管理是一种管理思想和管理模式，它是以项目为对象，以合同为纽带，以项目目标为目的，以现代化技术为手段，按项目内在客观规律组织项目活动的科学化方法。

（二）项目管理的基本特性

现代项目管理与传统意义上的管理相比，总体上讲，更加注重系统性、规范性、前瞻性和成效性。具体来说，现代项目管理具有以下特征：

（1）项目管理具有全过程、全方位贯穿系统论的思维与方法论的特征。该特征是现代项目管理的首要特征与战略性特征。

（2）项目管理具有多目标与多约束的特征。这一特征是项目管理具体工作中的操作性特征，它是由项目的多目标特性与约束性所决定的。

（3）项目管理的实施团队组织具有一次性与弹性的特征。

（4）项目管理的成效具有可预见性与变化性的特征。这一特征决定了项目的成果具有可塑性。

（5）项目管理具有工作程式的周期性与内容上的独特性。该特征反映项目管理的工作总是按照一定的程序在不同的项目中周而复始地进行，这是由项目组成要素的确定性和项目的过程性所决定的。同时，由于项目组成要素具体形态千变万化，因而决定了项目管理必须随对象而变化。由于每个项目的具体要素状态是不同的，因此，项目管理的具体内容也就不同，具有内容上的独特性。

（6）项目管理具有继承与创新并重的特征。项目管理的继承性特征表现为项目管理的许多知识与方法可以在任何项目寿命周期内应用，同时每个项目寿命周期内可以提炼出一些知识性与方法性的东西，为以后项目所用；项目管理的创新性特征表现为项目管理知识与方法随项目的不断实施而提炼出更成熟、更先进的东西。同时，每个项目都是一个创新，成果皆不同。

（7）项目管理具有涉及时空、技术领域更综合的特征。这一特征是相对于其他管理而显现出的项目管理从形式到内涵都更复杂与综合性强的特征。现代项目的规模越来越庞大，经常为多地域构架一个总体项目，实施时间长，参与人员多，技术集成程度越来越高，“物流”“技术流”“资金流”等流量大而“流道”呈现网状化，因此必然给管理提出相应的要求，即项目管理呈现出综合复杂的特征。

（三）项目管理的产生与发展

项目管理通常被认为是第二次世界大战的产物（如美国研制原子弹的“曼哈顿计划”），事实上，项目管理的历史源远流长，其发展大致经历了以下五个阶段：

（1）古代的项目管理。人类早期的项目可以追溯到数千年以前，如我国的长城、埃及的金字塔、罗马的水道等不朽的伟大工程。我国汴梁古城的复建也可称为成功的项目管理的典型案例。但从远古到 20 世纪 30 年代以前只能说是潜意识的项目管理，那时，人们是无意识地按照项目的形式运作。

（2）近代项目管理的萌芽。项目管理在 20 世纪 40 ～ 50 年代主要应用于国防和军工项目。美国把研制第一颗原子弹的任务作为一个项目来管理，命名为“曼哈顿计划”。美国退伍将军莱斯利·R. 格罗夫斯（L.R.GROVES）后来写了一本回忆录《现在可以说了》（*Now it can be told*：*The story of the Manhattan Project*），其中详细记载了这个项目的经过。

（3）近代项目管理的成熟。项目管理的突破性成就出现在 20 世纪 50 年代。20 世纪 50 年代后期，美国出现了关键路径法（CPM）和计划评审技术（PERT）。1957 年，美国的路易斯维化工厂由于生产过程的要求，必须昼夜连续运行。因此，每年都不得不安排一定的时间，停下生产线进行全面检修。过去每年的检修时间一般为 125h 左右。后来，他们把检修流程精细分解，竟然发现，在整个检修过程中所经过的不同路线上的总时间是不一样的。缩短最长路线上工序的工期，就能够缩短整个检修的时间。他们经过反复优化，最后只用了 78h 就完成了检修，节省的时间约占原检修时间的 38%，当年产生效益达 100 多万美元。这就是至今项目管理工作者还在应用的著名的时间管理技术“关键路径法”，简称 CPM。就在这一方法发明一年后，美国海军开始研制北极星导弹。这是一个军用项目，技术新、项目巨大，据说当时美国三分之一的科学家都参与了这项工作。管理如此庞大的尖端项目，难度是可想而知的。而当时的项目组织者想出了一个方法：为每个任务估计一个悲观的、一个乐观的和一个最可能情况下的工期，在关键路径法技术的基础上，用“三值加权”方法进行计划编排，最后只用了 4 年的时间就完成了预定用 6 年完成的项目，节省的时间为原计划时间的 33% 以上。20 世纪 60 年代，这类方法在由 42 万人参加、耗资 400 亿美元的“阿波罗”载人登月计划中应用，并取得巨大成功。这一阶段，项目管理有了科学的系统方法。CPM 和 PERT 常被作为项目管理的常规“武器”和经典手段，当时主要运用在军事工业和建筑业，项目管理的任务主要是项目的执行。

（4）项目管理的传播和现代化。1969 年，美国项目管理协会（PMI）的出现极大地推动了项目管理的发展。此后 PMI 一直致力于项目管理领域的研究工作，1976 年，PMI 提出了制定项目管理标准的设想，经过近十年的努力，于 1987 年推出了《项目管理知识体系指南》，这是项目管理领域的又一座里程碑。因此，项目管理专家们把 20 世纪 80 年代以前称为“传统的项目管理”阶段，把 20 世纪 80 年代以后称为“新的项目管理”阶段。PMBOK 指南又分别在 1996 年和 2000 年进行了两次修订，使项目管理知识体系更加成熟和完整。20 世纪 70 ～ 80 年代，项目管理迅速传遍世界。项目管理的应用领域从美国最初的军事项目和宇航项目很快扩展到各种类型的民用项目。在这一阶段，项目管理的特点是面向市场、迎接竞争，除计划和协调外，对采购、合同、进度、费用、质量、风险等给予了更多重视，初步形成了现代项目管理的框架。

（5）现代项目管理的新发展。进入 20 世纪 90 年代，项目管理有了新的进展。为了在变化迅猛、竞争激烈的市场中迎接经济全球化、一体化的挑战，项目管理更加注重人的因素，注重顾客，注重柔性管理，力求在变革中生存和发展。在这个阶段，应用领域进一步扩大，同时在新兴产业中得到了迅速发展，如通信、软件、信息、金融、医药等现代项目管理的任务已不仅仅是执行任务，而是要开发项目、经营项目，以及为经营项目完成后形成的设施、产品和其他成果提供必要的条件。

三、工程项目

（一）工程项目的概念

工程项目是以工程建设为载体的项目，是作为被管理对象的一次性工程建设任务。它以建筑物或构筑物为目标产出物，需要支付一定的费用，按照一定的程序在一定的时间内完成，并应符合质量要求。

（二）工程项目的特征

1. 不确定性因素多

工程项目建设过程涉及面广，不确定性因素较多，随着工程技术复杂程度的增加和项目规模的日益增大，工程项目中的不确定性因素日益增加，因而复杂程度较高。

2. 整体性强

一个工程项目往往由多个单项工程和单位工程组成，彼此之间紧密相关，必须结合在一起才能发挥工程项目的整体功能。

3. 建设周期长

建成一个工程项目往往需要几年时间，有的甚至更长。

4. 不可逆转性

工程项目实施完成后，很难推倒重来，否则将会造成巨大损失，因此工程建设具有不可逆转性。

5. 工程的固定性

工程项目都含有一定的建筑或建筑安装工程，都必须固定在一定的地点，受项目所在地资源、气候、地质等条件的制约，受到当地政府及社会文化的干预和影响。工程项目既受其所处环境的影响，同时也会对环境造成不同程度的影响。

6. 生产要素的流动性

工程的固定性决定了生产要素的流动性。

（三）工程项目的分类

1. 按专业划分

工程项目按专业可分为建筑工程、安装工程、桥梁工程、公路工程、铁路工程、水电工程、航道工程、隧道工程等。

2. 按建设性质划分

工程项目按建设性质可分为新建项目、扩建项目、改建项目、恢复项目和迁建项目等。

新建项目是指原来没有而现在开始建设的项目，或对原有规模较小的项目扩大建设规模，且其新增固定资产价值超过原有固定资产价值三倍以上的建设项目。

扩建项目是指原有企事业单位为了扩大原有主要产品的生产能力或效益，或增加新产品的生产能力，在原有固定资产的基础上，兴建一些主要车间或工程的项目。

改建项目是指原有企事业单位为了改进产品方向，对原有固定资产进行整体性技术改造的项目。此外，为提高综合生产能力，增加一些附属、辅助车间或非生产性工程，也属改建项目。

恢复项目是指对因重大自然灾害或战争等原因而遭受破坏的固定资产，按原来规模重新建设或在重建的同时进行扩建的项目。

迁建项目是指为改变生产力布局或由于其他因素，将原有单位迁至异地重建的项目。无论该项目是否维持原来的规模，均称为迁建项目。

3. 按用途划分

工程项目按用途可分为生产性建设项目和非生产性建设项目。

生产性建设项目是指直接用于物质生产或满足物质生产需要的建设项目，包括工业、农业、林业、水利、气象、交通运输、邮电通信、商业和物资供应设施建设及地质资源勘探建设等。

非生产性建设项目是指用于满足人民物质和文化生活需要的建设项目，包括住宅建设、文教卫生建设、公用事业设施建设、科学实验研究及其他非生产性建设项目。

4. 按建设过程划分

工程项目按建设过程可分为预备项目、筹建项目、在建项目、投产项目和收尾项目等。

预备项目是指按照中长期投资计划拟建而又未立项的工程项目，只做初步可行性研究，不进行实际建设准备工作。

筹建项目是指经批准立项正在进行建设准备，还未开始施工的项目。

在建项目是指计划年度内正在建设的项目，包括新开工项目和续建项目。

投产项目是指计划年度内按设计文件规定建成主体工程和相应配套工程经验收合格并正式投产或交付使用的项目，包括全部投产项目、部分投产项目和建成投产单项工程。

收尾项目是指以前年度已经全部建成投产，但尚有少量不影响正常生产或使用的辅助工程或非生产性工程，在本年度内继续施工的项目。

5. 按建设投资规模划分

按建设项目总规模和投资的多少，可将项目分为大型项目、中型项目和小型项目。其划分的标准各行业并不相同，一般情况下，生产单一产品的企业，按产品的设计能力来划分；生产多种产品的，按主要产品的设计能力来划分；难以按生产能力划分的，按其全部投资额来划分。

（四）工程建设项目的组成

为了对工程项目实行统一管理和分级管理，国家统计部门统一规定将建设项目划分为若干个单项工程，即一个综合建设项目由若干个单项工程组成；一个单项工程由若干个单位工程组成；一个单位工程由若干个分部工程组成；一个分部工程由若干个分项工程组成。

（1）综合建设项目。综合建设项目是指在一个总体设计范围内，经济上实行独立核算，行政上具有独立的组织形式的建设工程。如新建一座工厂、一所学校都是综合建设项目。

（2）单项工程。单项工程是建设项目的组成部分，一般是指在一个建设项目中，具有独立的设计文件，建成后能够独立发挥生产能力或效益的工程。如新建一所大学是一个综合建设项目，但其中教学楼、图书馆、办公楼等各为单项工程。

（3）单位工程。单位工程是单项工程的组成部分，它一般是指具有独立组织施工条件及单独作为计算成本对象，但建成后不能独立进行生产或发挥效益的工程。民用项目的单位工程较容易划分，以一栋住宅楼为例，其中一般土建、给排水、采暖、通风、照明工程等各为一个单位工程。

（4）分部工程。分部工程是单位工程的组成部分，一般是按单位工程的结构部位、使用材料、工种或设备种类和型号等划分的工程。例如，一般土建工程可以划分为土石方工程、打桩工程、砖石工程、混凝土及钢筋混凝土工程、木结构工程、楼地面工程、屋面工程、装饰工程等分部工程。

（5）分项工程。分项工程是分部工程的组成部分，一般按照不同的施工方法、不同的材料及构件规格，将分部工程分解为一些简单的施工过程，这些施工过程是建设工程中最基本的单位内容，即通常所指的各种实物工程量。如土方分部工程，可以分为人工平整场地、人工挖土方、人工挖地槽地坑等分项工程。安装工程的情况比较特殊，通常只能将分项工程合并成一个概念来表达工程实物量。

四、建设工程项目管理

（一）建设工程项目管理的概念

建设工程项目管理是指通过一定的组织形式，用系统工程的观点、理论和方法建设工程项目生命周期内的所有工作，包括项目建议书、可行性研究、项目决策、设计、设备询价、施工、签证、验收等系统过程进行计划、组织、指挥、协调和控制，以达到保证工程质量、缩短工期、提高投资效益的目的。

从建设工程项目管理的定义可以看出，施工阶段的项目管理是整个建设工程项目管理过程中的一个环节，而建设工程施工阶段是建设工程最终的实施阶段，是形成工程产品的最后一步，施工阶段各方面工作的好坏对建设工程产品优劣的影响是难以更改的。（李正龙，2021）

广义的建设工程项目管理包括投资决策的有关管理工作；狭义的建设工程项目管理只包括项目立项以后，对项目建设实施全过程的管理。

建设工程项目管理的主体是建设单位或受其委托的咨询（监理）单位，建设工程项目的管理对象是一个具体的建设工程项目。

（二）建设工程项目管理的内容

建设工程项目管理活动贯穿于建设工程项目的全过程，其管理内容主要为建设工程项目管理规划与决策、建设工程项目目标控制与组织协调。

（1）按工程项目管理的职能和特点划分。从管理职能来看，建设工程项目管理主要有以下工作内容：①工程项目组织管理。②人力资源管理。③工程项目范围管理。④工程项目进度管理。⑤工程项目费用管理。⑥工程项目质量管理。⑦工程项目信息管理。⑧工程项目风险管理。⑨工程项目招投标与合同管理。⑩工程项目环境保护管理。

（2）按管理过程划分。从管理过程看，工程项目管理可概括为决策、计划、控制、结束与评价等过程。

（3）按建设阶段划分。从建设阶段看，工程项目管理包括以下内容：①工程项目策划与决策阶段的管理。②勘察设计阶段的管理。③施工招投标阶段的管理。④施工阶段的管理。⑤竣工验收阶段的管理。

第二节　我国建设工程项目管理的发展历程与趋势

一、建设工程项目管理的发展过程

建设工程项目管理在我国的应用历史最早可以追溯到秦汉时期，古长城的修建就是成功的工程项目管理案例，汴梁古城的复建也是项目管理的典型案例。但古时的建设工程项目管理只是人们朴素的生产经营的总结、应用和推广，和现代的项目管理不能同日而语。现代建设工程项目管理起源于欧美等建筑业发达国家，近几十年我国逐步引进了国外先进的工程建设管理理论和方法。

我国建设工程项目管理的发展，大致经历了五个阶段：从1984年我国工程建设实行招投标制，以及“鲁布革”工程实施开始，到1987年6月3日，时任国务院副总理的李鹏同志在全国施工工作会议上以“学习鲁布革经验”为题发表重要讲话，为引进学习阶段；从1987年原五部委联合发文推广“鲁布革”经验，到1993年呼和浩特项目管理工作会议，为研究试点阶段；从1994年九江项目管理工作会议，到1997年西安项目管理工作会议，为全面总结推广阶段；从1997年西安项目管理工作会议到2000年，为完善和深化规范项目管理阶段；从2001年中国加入WTO至今，为创新发展阶段。

二、建设工程项目管理的发展趋势

在当前经济全球化日益发展的背景下，随着世界经济全球化的深入发展，项目管理将趋向集成化、信息化和国际化。结合中国建筑业实施项目管理20年来的实践，我国的建设工程项目管理呈现五大发展趋势。

（一）项目管理的国际化

随着我国改革开放的进一步加快，中国经济日益深刻地融入全球市场，企业走出国门在海外投资和经营的项目也在增加，许多项目要通过国际招标、咨询或BOT方式运作，项目管理的国际化正形成趋势和潮流。特别是在我国加入WTO后，行业壁垒下降，国内市场国际化，国内外市场全面融合，面对日益激烈的市场竞争，我国的企业必须以市场为导向，转换经营模式，增强应变能力，勇于进取，在竞争中学会生存，在拼搏中寻求发展。

项目管理的国际化趋势还表现在以下方面：国际项目管理协会发挥更大的作用，国际学术交流日益频繁。国际项目管理协会（IPMA）是以欧洲国家为主体组成的，我国项目管理委员会也已加入成为其成员单位。这些组织每年都进行很多行业和学术性的活动，协助项目管理专业人员的招聘和就业。由于项目管理的普遍规律和许多项目的跨国性质，各国专家都在探讨项目管理学科的国际通用体系。

（二）项目管理的信息化

随着信息技术的迅速发展及知识经济时代的到来，项目管理的信息化已成必然趋势。21世纪的主导经济——知识经济已经来临，与之相应的项目管理也将成为一个热门前沿领域。知识经济时代的项目管理是通过共享知识、运用集体智慧提高应变能力和创新能力。目前西方发达国家的一些项目管理公司已经在项目管理中运用了计算机网络技术，开始实现了项目管理网络化、虚拟化，一些建筑业发达国家的工程项目管理信息系统已经建立和成熟运行，将建设工程项目管理带入了信息化的时代。目前，我国也有许多项目管理公司开始大量使用项目管理软件和集成化的项目管理综合系统进行项目管理，同时还从事项目管理软件系统的开发研究工作。种种迹象表明，21世纪的项目管理将更多地依靠信息技术，新世纪的项目管理必将是信息化管理。

（三）工程项目全寿命管理

长期以来，我国的建设工程项目管理更多地侧重于项目的实施阶段，对项目全寿命周期的一头一尾重视不够。所谓全寿命管理即为建设一个满足功能需求和经济上可行的工程项目，对其从工程项目前期策划，直至工程项目拆除项目的全过程进行策划、协调和控制，以使该项目在预定的建设期限内、在计划投资范围内顺利完成建设任务，并达到所要求的工程质量标准，满足投资商、项目经营者及最终用户的需求；在项目运营期进行物业的财务管理、空间管理、用户管理和运营维护管理，以使该项目创造尽可能大的有形和无形的效益。

（四）推行工程总承包管理

我国建设工程项目管理已呈现出了既规范又多样化的发展态势。除 CM、PM 等通用的管理模式外，又派生出 EPC（工程总承包）、BT（建设—移交）和 BOT（建设—运营—移交）等模式，还有专业化公司代业主进行项目管理的“代建制”等新模式。

随着项目管理的日趋完善，作为买方的业主对建筑业的要求和期望越来越高，以往对工程某个环节的单一承包方式被越来越多的综合承包所取代。业主更多地希望设计、施工和物资采购项目运行一体化。

基于国际承发包模式的演变和发展势态，原建设部颁发了《关于培育发展工程总承包和工程项目管理企业的指导意见》和《建设工程总承包管理规范》，阐述了推行工程总承包的重要性和必要性，并参照国际惯例新版 FIDIC 合同文本，明确了工程总承包管理的具体意见。这对深化和调整我国勘察、设计、施工、监理企业的经营结构，加快中国建设工程项目管理与国际接轨产生了深远的影响。

（五）提升软实力，创新项目文化建设

我国建设工程项目管理应从“三位一体”的文明工地管理上升到以创新项目文化建设为标志的新型管理模式。项目文化是企业文化建设在项目上的具体落实，是对项目主体和客体的全面要求。项目文化建设应以“过程精品、标价分离、CI 形象”的三位一体管理模式为内容，由创建“文明工地”活动，提升到项目文化建设这一更高的层次。

第三节　建设工程项目管理的类型

由于管理的立场和视角不同，工程管理也可以分为不同的类型，通常是按管理主体进行分类。从管理主体看，建设工程项目管理大致可分为业主方的项目管理、承包方的项目管理、咨询监理方的项目管理、设计方的项目管理、供货方的项目管理及政府对工程项目

的管理几个方面，其中业主方的项目管理是工程项目管理的核心。

一、业主方的项目管理

（一）业主方项目管理的概念

业主方的项目管理是指由项目业主或委托人对项目建设全过程进行的监督与管理。业主方项目管理的根本目的是实现投资者的投资目标，保证工程建成后在项目功能与质量上达到设计标准和使用要求，并且要将工程投资控制在预定的范围之内。（余其，2019）

（二）业主方项目管理的组织形式

按项目法人责任制的规定，新上项目的项目建议书被批准后，由投资方派代表组建项目法人筹备组，具体负责项目法人的筹建工作。待项目可行性研究报告批准后，正式成立项目法人，由项目法人对项目的策划、资金筹措、建设实施、生产经营、债务偿还、资产的增值保值，实行全过程负责；依照国家有关规定对项目的建设资金、建设工期、工程质量、生产安全等进行严格管理。项目法人可聘任项目总经理或其他高级管理人员，由项目总经理组织编制项目初步设计文件；组织设计、施工、材料设备采购的招标工作；组织工程建设实施，负责控制工程投资、工期和质量。项目总经理可由项目董事会成员兼任或由董事会聘任。项目总经理及其管理班子从性质上讲是代表项目法人行使项目管理职权的人，应具有丰富的项目管理经验，具备承担所任职工作的条件。（熊勇，2019）

（三）业主对工程项目管理的特点

业主对工程项目的管理主要有以下三个方面的特点：业主对工程项目的管理体现了各投资方对项目的要求；业主是对工程项目进行全面管理的中心；从管理方式上看，业主对工程项目管理大都采用间接方式。

二、承包方的项目管理

（一）承包方项目管理的概念

承包方分为设计承包方、施工承包方等。承包方对工程项目的管理是指承包方为完成合同约定的任务，在项目建设的相应阶段对项目有关活动进行计划、组织、协调、控制的过程。承包方对工程项目管理的目的主要是在项目建设与设备制造过程中实现其相应的收益。具体内容如下：保证承包的工程项目或设备制造达到合同规定的要求；追求利润的最大化，承包方在完成合同规定的任务后，有权取得相应的报酬。

（二）承包方项目管理的特点

承包方项目管理直接作用于工程项目实体。承包方管理以项目的组成部分，或是完成项目组成部分的劳动者、原材料和设备等为对象；以承包合同为根本要求。承包方在实施管理的过程中，对项目的管理与控制完成以合同规定的内容为依据。

三、咨询监理方的项目管理

（一）咨询监理方项目管理的概念

咨询监理方的项目管理是指咨询监理工程师接受业主的委托，为保证项目的顺利实施，按照委托规定的工作内容，以执业标准和国家法律法规为尺度，对项目进行有效的组织、监督、协调、控制、检查与指导。

（二）咨询监理方项目管理的特点

我国咨询监理方的项目管理主要由咨询监理工程师实施，咨询监理工程师的工作具有较强的科学性和知识性，属于智力服务性工作；咨询监理工程师管理内容视委托合同而定，不直接从事工程项目实体的建设；工程咨询监理作为一支专业队伍，有其独立的行业管理组织及规范的市场准入、执业规则和道德准则；咨询监理工程师以其提供的咨询服务按国家有关规定向被服务方收取费用。

四、设计方的项目管理

设计方受业主委托承担工程项目的设计任务，以设计合同所界定的工作目标及其责任义务作为工程设计管理的对象、内容和条件，通常简称设计项目管理。设计方只有以设计合同为依据，依靠项目管理才能贯彻业主的建设意图和实施设计阶段的投资、质量和进度控制目标。

五、供货方的项目管理

供货方作为项目建设的一个参与方，其项目管理主要服务于项目的整体利益和供货方本身的利益，为确保项目管理的目标（包括供货方的成本目标、供货的进度目标和供货的质量目标）得以顺利实现而进行的一系列管理工作。

供货方的项目管理工作主要在施工阶段进行，但它也涉及设计准备阶段、设计阶段、动用前准备阶段和保修阶段。

六、政府对工程项目的管理

（一）政府对工程项目管理的概念

为了保证社会经济能够健康、有序、持续地发展，政府对社会工程建设活动进行宏观指导、调控和监督等一系列管理活动统称为政府对工程项目的管理。

（二）政府对工程项目管理的作用

政府对工程项目管理的作用有：①保证投资方向符合国家产业政策的要求。②保证工程项目符合国家经济和社会发展规划及环境与生态等的要求。③引导投资规模达到合理经济规模。④保证国家整体投资规模与外债规模在合理的、可控制的范围内进行。⑤保证国家经济安全与公共利益，防止垄断。

（三）政府对工程项目管理的特点

政府对工程项目管理的特点：①具有较高的权威性。②有较强的严肃性。③可采用的管理手段是最全面的，包括行政手段和法律手段。④政府在对工程项目实施管理时，主要是宏观管理。⑤政府在管理中强调中介组织的作用。

第四节 建设工程项目管理的目标和任务

一、建设工程项目管理的目标

（一）业主方项目管理的目标

业主方项目管理服务于业主的利益，其项目管理的目标包括项目的投资目标、进度目标和质量目标。其中投资目标指的是项目的总投资目标。进度目标指的是项目动用的时间目标，也即项目交付使用的时间目标，如工厂建成可以投入生产、道路建成可以通车、办公楼可以启用、旅馆可以开业的时间目标等。项目的质量目标不仅涉及施工的质量，还包括设计质量、材料质量、设备质量和影响项目运行或运营的环境质量等。质量目标包括满足相应的技术规范和技术标准的规定，以及满足业主方相应的质量要求。

（二）承包方项目管理的目标

总的来说，承包方的项目管理目标主要是在项目建设与设备制造过程中实现其相应的收益。具体内容如下：保证承包的工程项目或设备制造达到合同规定的要求；追求利润的最大化，承包方在完成合同规定的任务后，有权取得相应的报酬。

（三）咨询监理方项目管理的目标

工程监理是受业主委托，给业主提供专业的项目管理咨询服务，它的项目管理目标是保障委托方实现其对工程项目的预期目标；通过自身的专业技能完成监理委托合同的各项工作内容后按规定取得合法收入。

（四）设计方项目管理的目标

设计方作为项目建设的一个参与方，其项目管理主要服务于项目的整体利益和设计方本身的利益。其项目管理的目标包括设计的成本目标、设计的进度目标、设计的质量目标及项目的投资目标。

（五）供货方项目管理的目标

供货方在项目管理过程中主要是为项目提供所需的材料、设备等物质，其项目管理过程中的目标包括供货方的成本目标、供货的进度目标和供货的质量目标。所以供货方项目管理的目标就是保证项目实施时能按时、保质保量地供应合同约定的材料、设备等物质，同时获取相应的利润。

（六）政府对工程项目管理的目标

总体而言，政府对工程项目管理的目标主要在于维护社会公共利益，保证社会经济能够健康、有序和持续发展，保证国家建设的顺利进行。具体而言，其主要目的如下：保证投资方向符合国家产业政策的要求；保证工程项目符合社会经济发展规划和环境与生态等的要求；保证工程建设项目遵守有关的工程技术标准与规范；保证国家整体投资规模达到合理的可控制的规模。

二、建设工程项目管理的任务

（一）业主方项目管理的任务

业主方的项目管理工作涉及项目实施阶段的全过程，即在设计前准备阶段、设计阶段、施工阶段、动用前准备阶段和保修阶段分别进行如下工作：①安全管理。②投资控制。③进度控制。④质量控制。⑤合同管理。⑥信息管理。⑦组织和协调。（罗中、张涛、刘宏伟，2013）

以上 5 个阶段 7 项工作构成业主方 35 分块项目管理的任务，其中安全管理是项目管理中最重要的任务，因为安全管理关系到人身的健康与安全，而投资控制、进度控制、质量控制和合同管理等则主要涉及物质的利益。

（1）设计前准备阶段的主要任务：①对投资方向和内容做初步构想。②选择专业咨询机构，组织编制项目建议书和可行性研究报告。③办理项目建议书和可行性研究报告的评审工作，并落实项目建设相关条件。④取得项目选址、资源利用、环境保护等方面的批准文件，以及原料、燃料、水、电、运输等方面的协议文件。⑤明确勘察设计的范围和设计深度，选择勘察设计单位进行勘察、设计工作。⑥及时办理有关设计文件的审批工作。⑦组织落实项目建设用地，办理土地征用、拆迁补偿及施工场地的平整等工作。⑧聘请监理咨询机构，组织开展设备采购、工程施工招标及评标等工作。

（2）设计阶段的主要任务：①招标选择勘察设计单位。②明确设计任务和设计要求。③跟踪协调管理设计进度。④控制设计质量和投资概算等。

（3）施工阶段的主要任务：①需由业主办理项目的有关批准手续，如施工许可证等。②解决施工所需的水、电、道路等必备条件。③向承包方提供施工场地的工程地质和地下管线等资料，协调处理施工现场周围地下管线和邻近建筑物、构筑物，以及有关文物、古树等的保护工作，并承担相应费用。④协调设计、施工、监理等方面的关系，组织进行图纸会审和设计交底。⑤确定水准点和坐标控制点，以书面形式交给承包方，并进行现场交验。⑥督促检查合同执行情况，按合同规定及时支付各款项。

（4）动用前准备阶段的主要任务：①组织进行联合试车。②组织有关方面进行竣工验收，办理工程移交手续。③做好项目有关资料的管理工作。

（5）保修阶段的主要任务：①办理工程竣工验收移交手续。②采取相关措施确保承包方在工程保修期履行保修责任。

（二）承包方项目管理的任务

作为承包方，采用的承包方式不同，项目管理的任务也就不同。

（1）工程总承包项目管理的主要任务。在设计施工总承包的情况下，业主在项目决策之后，通过招标择优选定总承包单位全面负责工程项目的实施过程，直至最终交付使用功能和质量标准符合合同文件规定的工程目的物。因此，总承包方的项目管理是贯穿于项目实施全过程（既包括设计阶段也包括施工安装阶段）的全面管理。其性质和目的是全面履行工程总承包合同，以实现企业的经营方针和目标。显然，它必须在合同条件的约束下，依靠自身的技术和管理优势或实力，通过优化设计及施工方案，在规定的时间内，保质保量地全面完成工程项目的承建任务。

（2）施工承包方项目管理的主要任务。施工企业为履行工程承包合同和落实企业生产经营方针目标，依靠企业技术和管理的综合实力，对工程施工过程进行计划、组织、指挥、协调和监督控制的系统管理活动，简称施工项目管理。其管理的主要任务如下：①制订施工组织设计或质量保证计划，经监理工程师审定后组织实施。②按施工计划组织施工，认真组织好人力、机械、材料等资源的投入。③按施工合同要求在工程进度、成本、质量方面进行过程控制。④遵守有关部门对施工场地交通、施工噪声及环境保护等方面的管理规定。⑤做好施工现场地下管线和邻近建筑物，以及有关文物等的保护工作。⑥保证施工现场清洁，使其符合环境卫生管理的有关规定。⑦按规定程序及时主动地提供业主和监理工程师需要的各种统计数据报表。⑧及时向委托方提交竣工验收申请报告，对验收中发现的问题及时进行改进。⑨负责已完工程的保护工作。⑩向委托方完整及时地移交有关工程资料档案。

（三）咨询监理方项目管理的主要任务

根据委托，咨询监理方对工程项目的管理可以是项目的某一个阶段或项目建设全过程的管理工作。

（1）项目决策阶段的任务：①根据国家宏观政策与发展规划，结合市场调查分析，提出项目的建设内容、产品方案、工艺技术方案、建设方案、厂址布置、环境保护方案等。②在项目相关方案研究的基础上，根据有关要求，完成项目的融资方案、投资估算，以及在财务、风险、社会及国民经济等方面的评价，完成相应报告。③按委托方及有关项目审批方的要求，对项目的可行性研究报告进行评估论证。④根据委托，协助完成项目的有关报批工作。

（2）项目准备阶段的任务：①受业主委托进行项目勘察设计招标和监理工作。②按业主委托要求完成项目进度安排、融资方案落实及相应协议的起草工作。③协助业主完成或接受业主委托进行设备采购、施工招标工作。④协助业主完成项目有关设计文件及项目开工等报批工作。⑤按业主要求，向施工单位进行设计图纸的技术交底工作。⑥按业主要求和国家有关规定，做好项目设计内容的调整与修改工作。⑦业主委托的其他工作，如征地、周边关系的协调等。

（3）项目实施阶段的任务：①根据委托和授权，对项目施工过程进行监督管理，并对有关问题进行妥善处理。②及时向业主报告项目有关进度、质量及费用等方面的情况。③为项目投产后的运营做好人员培训、操作规程和规章制度的建立等准备工作。

（4）项目竣工验收和总结评价阶段的任务：①协助业主做好项目的竣工验收和试生产工作。②开展项目的后评价工作。③业主委托的其他工作。

（四）设计方项目管理的任务

设计方的项目管理工作主要在设计阶段进行，但也涉及设计前的准备阶段、施工阶段、动用前准备阶段和保修阶段。设计方项目管理的任务包括：①与设计工作有关的安全管理。②设计成本控制和设计工作有关的工程造价控制。③设计进度控制。④设计质量控制。⑤设计合同管理。⑥设计信息管理。⑦与设计工作有关的组织和协调。

（五）供货方项目管理的任务

供货方项目管理的主要任务包括：①供货的安全管理。②供货方的成本控制。③供货的进度控制。④供货的质量控制。⑤供货合同管理。⑥供货信息管理。⑦与供货有关的组织与协调。

（六）政府对工程项目管理的主要任务

政府对工程项目管理的主要任务表现在：制定各种宏观经济政策；制定经济与社会发展规划；加强重要资源的管理，以及环境与安全管理等。具体而言，其主要包括以下内容：①工程项目建设前期所进行的监督与管理，其主要工作包括审查工程建设项目的可行性和必要性；确定工程建设项目的具体位置、用地范围及面积。②工程项目设计和施工准备阶段所进行的监督与管理，其主要工作包括：审查工程项目的设计是否符合有关建设用地、城市规划的要求；审查工程项目是否符合建筑技术性法规、设计标准的规定；监管工程项目施工招投标过程。③工程项目施工阶段所进行的监督与管理，其主要工作包括开工条件审核，施工阶段定期、非定期检查，以及竣工检查等。

第五节 建设工程项目的程序

一、工程项目的生命周期

一般来说，建设项目的全生命周期包括项目的决策阶段、实施阶段和使用阶段（或称运营阶段、运行阶段）。项目立项（立项批准）是项目决策的标志。项目的实施阶段包括设计前准备阶段、设计阶段、施工阶段、动用前准备阶段和保修阶段。

二、工程项目建设程序

工程项目建设程序是指工程项目从策划、评估、决策、设计、施工到竣工验收、投入生产或交付使用的整个建设过程中，各项工作必须遵循的先后次序。工程项目建设程序是工程建设过程客观规律的反映，是建设工程项目科学决策和顺利进行的重要保证。工程项目建设程序是人们长期在工程项目建设实践中得出来的经验总结，不能任意颠倒，但可以合理交叉。

（一）我国建设程序的发展历程

建设工程的一切活动虽然属于国民经济的特定领域（与生产领域和流通领域相对而言），但是与国民经济的各个部门息息相关，影响社会生产和人民生活的水平。因此，一切建设项目的投资方向、工程规模、区域布置等重大问题必须按照各个时期的经济建设方针，服从国家长远规划。国家和地区的各级主管部门对于建设项目的立项、决策、资金筹集、物资分配，以及涉外事宜等重要方面要实行有效的宏观控制，根据权限划分为国家、部门和地区（即各省、自治区、直辖市）三级管理。这些管理的内容是工程项目建设程序的重要组成部分。

（1）20 世纪 50 ～ 70 年代。1951 年原政务院财经委员会颁发了《基本建设工作程序暂行办法》。其侧重对基本建设计划的核准和先设计后施工的步骤做了具体规定，将基本建设的全部过程分为四个阶段，即计划的拟订及核准、设计工作、施工与拨款、工程决算与验收交接。其大致的顺序如下：首先根据原国家计划委员会国家长期计划范围内规定的各项建设项目与指标，确定建设对象，然后开始草拟设计任务书（或称设计计划任务书）；在编制设计任务书之前和设计过程中，做好调查勘察和建设地址选定工作；在设计完成后，制订基本建设年度计划；在拨款施工过程中进行检查监督；竣工之后，进行验收交接，并办理工程决算。

（2）20 世纪 70 年代末～ 80 年代。1978 年，由原国家计委、国家建委、财政部联合颁发了《关于基本建设程序的若干规定》，规定中述及一个项目从计划建设到建成投产，一般要经过下述几个阶段：根据发展国民经济长远规划和布局的要求，编制计划任务书，选定建设地点；经批准后，进行勘察设计；初步设计经过批准，列入国家年度计划后，组织施工；工程按照设计内容建成，进行验收、交付生产使用。其全部过程包括计划任务书、建设地点的选择、设计文件、建设准备、施工、生产准备、竣工验收及交付生产。

（3）20世纪90年代以后。1991年12月，原国家计划经济委员会下发文件明确规定，将现行国内投资项目的设计任务书和利用外资项目的可行性研究报告统一称为可行性研究报告，取消设计任务书的名称。文件还规定今后所有国内投资项目和利用外资的建设项目，在批准项目建议书以后，并在进行可行性研究的基础上，一律编报可行性研究报告，其内容及深度要求与以前的设计任务书相同，经批准的可行性报告是确定建设项目、编制设计文件的依据。

根据国民经济发展长远规划，经过初步调查研究，由项目的主办单位编制项目建议书，按照投资管理权限向所属的投资管理部门推荐拟建项目，经批准后列入建设前期工作计划。投资主管部门对所推荐的拟建项目进行综合平衡，在条件成熟时选择一批有需要且有前途的建设项目交与项目的主办单位委托设计或工程咨询单位进行可行性研究。对于可行的项目，在经过预审、修改、复审和评估后，提出可行性研究报告，上报投资主管部门批准后，此项目即算成立，可安排年度建设计划，进行工程设计和建设前期的准备工作。项目的主办单位，应组建或指定建设主管单位，对外进行各类协议和合同的谈判、预约或签订，进行勘察设计、厂址选择、土地征用、资金筹集等一系列准备工作。

根据批准的设计文件（初步设计、技术设计、施工详图设计），组织招标投标，签订工程承包合同，组织设备、材料的订货、供应、运输、开展施工，同时进行生产准备工作，在工程结尾时，组织调整试车，办理交工和竣工验收，使建设项目按预定目标进入生产阶段。

（二）我国目前的建设程序

1. 策划决策阶段

策划决策阶段又称建设前期工作阶段，主要包括编报项目建议书和可行性研究报告两项工作。

（1）项目建议书。对于政府投资工程项目，编报项目建议书是项目建设最初阶段的工作。其主要作用是推荐建设项目，以便在一个确定的地区或部门内，以自然资源和市场预测为基础，选择建设项目。项目建议书经批准后，可进行可行性研究工作，但并不表明项目非上不可，项目建议不是项目的最终决策。

（2）可行性研究报告。可行性研究是在项目建议书被批准后，对项目在技术上和经济上是否可行所进行的科学分析和论证。《国务院关于投资体制改革的决定》指出，对于企业不使用政府资金投资建设的项目，一律不再实行审批制，实行核准制和登记备案制来区别不同的情况。对于《政府核准的投资项目目录》以外的企业投资项目，实行备案制。

2. 勘察设计阶段

（1）勘察过程。复杂工程分为初勘和详勘两个阶段，为设计提供实际依据。

（2）设计过程。设计过程一般划分为两个阶段，即初步设计阶段和施工图设计阶段，对于大型复杂项目，可根据不同行业的特点和需要，在初步设计之后增加技术设计阶段。初步设计是设计的第一步，如果初步设计提出的总概算超过可行性研究报告投资估算的10% 以上或其他主要指标需要变动，要重新报批可行性研究报告。初步设计经主管部门审批后，建设项目被列入国家固定资产投资计划，方可进行下一步的施工图设计。施工图一经审查批准，不得擅自进行修改，必须重新报请原审批部门，由原审批部门委托审查机构审查后再批准实施。

3. 建设准备阶段

建设准备阶段主要包括：组建项目法人、征地、拆迁、“三通一平”乃至“七通一平”；组织材料、设备订货；办理建设工程质量监督手续；委托工程监理；准备必要的施工图纸；组织施工招投标，择优选定施工单位；办理施工许可证等。按规定做好施工准备工作，具备开工条件后，建设单位申请开工，进入施工安装阶段。

4. 施工阶段

建设工程具备开工条件并取得施工许可证后方可开工。项目新开工时间，按设计文件中规定的任何一项永久性工程第一次正式破土开槽时间确定；不需开槽的以正式打桩的时间为开工时间；铁路、公路、水库等以开始进行土石方工程的时间为正式开工时间。

5. 生产准备阶段

对于生产性建设项目，在其竣工投产前，建设单位应适时地组织专门班子或机构，有计划地做好生产准备工作，包括招收、培训生产人员；组织有关人员参加设备安装、调试和工程验收；落实原材料供应；组建生产管理机构，健全生产规章制度等。生产准备是由建设阶段转入经营的一项重要工作。

6. 竣工验收阶段

工程竣工验收是全面考核建设成果、检验设计和施工质量的重要步骤，也是建设项目转入生产和使用的标志。验收合格后，建设单位编制竣工决算，项目正式投入使用。

7. 项目后评价阶段

建设项目后评价是工程项目竣工投产、生产运营一段时间后，对项目的立项决策、设计施工、竣工投产、生产运营等全过程进行系统评价的一种技术活动，是固定资产管理的一项重要内容，也是固定资产投资管理的最后一个环节。

三、工程项目报建审批

一般一个工程项目要开始建设，项目建设活动实施前要到政府相关主管部门办理各种审批手续，拿到各种批文许可后方能开展建设程序各阶段的工作。项目报建的审批主要是针对项目选址、用地规划、土地出让、投资审批、环境评价、勘察设计方案、消防安全等各方面获取相关部门的批文或许可。不同的工程建设项目，不同的时期和建设地点，所需要履行的各项审批手续可能不尽相同。

第二章 建设工程项目管理与组织

第一节 工程项目全寿命周期与建设程序

一、工程项目全寿命周期

（一）项目生命期

项目生命期是指一个项目自始至终的整个过程。为了顺利完成项目，项目管理班子通常要把每一个项目划分成若干个项目阶段，以便更好地控制项目。项目的不同阶段大多是按顺序完成的，但在某些情况下也会以交叠的方式出现。项目阶段划分的数量和必要性以及每个阶段所需的管理方法，取决于项目的规模、复杂程度和潜在影响。把项目划分为合理的几个阶段进行决策控制，有助于项目成功实施，这些项目阶段即为项目生命期。

（二）建设工程项目全寿命周期管理

建设项目的全寿命周期管理包括项目的决策阶段的开发管理（Development Management，DM），实施阶段的管理（Project Management，PM）和使用阶段的管理（Facility Management，FM，即设施管理）。工程全寿命周期管理的核心任务是为工程建设增值和为工程使用增值。

1. 决策阶段

从项目建设意图的酝酿开始，调查研究、编写和报批项目建议书、编制和报批项目的可行性研究等项目前期的组织、管理，经济和技术方面的论证都属于项目决策阶段的工作。本阶段虽然投入少，但对项目效益影响大，前期决策的失误往往会导致重大的损失。为保证项目决策的科学性和客观性，可行性研究和项目评估工作应委托高水平的咨询公司独立进行，并由不同的咨询公司来完成。该阶段的工作重点是对项目投资建设的必要性和可行性进行分析论证，并做出科学决策。项目立项（立项批准）是项目决策的标志。决策阶段管理工作的主要任务是确定项目的定义，一般包括如下内容：①确定项目实施的组织。②确定和落实建设地点。③确定建设任务和建设原则。④确定和落实项目建设的资金。⑤确定建设项目的投资目标、进度目标和质量目标等。

2. 实施阶段

本阶段的主要任务是将“蓝图”变成项目实体，实现投资决策意图。在这一阶段，通过设计、施工，在规定的工期，质量要求及费用范围内实现项目目标。本阶段在项目周期中工作量最大，投入的人力、物力和财力最多，项目管理的难度也最大。

3. 试运营与竣工验收阶段

本阶段是实施阶段转入运营阶段的重要环节，应完成项目的竣工验收，对于工业类建设项目还要进行联动试车、试生产工作。项目试生产正常并经业主认可后，项目可进入投产运营阶段。

（三）建设项目全寿命周期一体化管理（PLMT）模式的特点

1. 整体性

PLMT 模式下由项目主任负责，从决策阶段开始就充分考虑建设工程项目的整个寿命周期，从全局出发，围绕项目的整体目标进行管理和控制。

2. 共享性

该模式的共享性体现为各参与方信息的共享。信息的共享是指以信息集成为基础，利用计算机网络等辅助工具通过信息一体化平台实现不同管理过程之间的信息传递与数据共享。

3. 协调性

该模式的协调性是指各参与方和管理过程的一体化。实现不同阶段不同参与方的管理人员服务于一体，方便协调和沟通，达到及时、动态地调整和控制的效果。

4. 并行性

传统项目管理模式是串行的，前一阶段的工作未完，后一阶段的工作就无法展开。而该模式的管理过程是并行的，在决策，设计阶段考虑实施、试运行阶段的需求，减少正式实施（试运行）阶段对设计阶段（实施阶段）的更改反馈。

（四）PLMT 模式的内涵

工程建设项目全寿命周期一体化管理模式是指从各主要实施方中分别选出一至两名专家（或负责人），与一体化项目管理（PLMT）一起组成全寿命周期一体化项目管理组，在项目的策划、设计、施工过程中充分考虑试运行的情况，将全寿命周期中各主要参与方、各管理内容、各环节有机结合起来，实现组织、资源、目标、责任、利益等一体化，实现相关参与方之间的有效沟通和信息共享，向发包方和其他受益者提供价值最大化的项目产品。

全寿命周期一体化项目管理组是 PLMT 模式的实现机构，是组织，控制和协调的核心，确保各参与方之间顺利进行信息交换和协调，保障项目目标的实现。在该团队中，各参与方的负责人可以直接与相关的参与方进行公开的交流和协商，共同讨论项目相关部分的执行方案。

一体化主要表现在三个方面：①发包方和项目管理方的一体化；②设计方、供应方和施工方等所有实施方的一体化；③项目所有参与方，所有过程及所有管理内容的一体化。其中，项目管理方处于承上启下的位置，对上与发包方组成PLMT，对下可与各实施方形成长期的合作伙伴关系，以项目伙伴理念和项目协作理念来处理和解决问题。

PLMT的核心在于项目的整体优化控制和集成化管理，强调项目利益高于一切，着眼于建设工程项目全局，从实现项目管理的高效化、参与方的一体化出发，强调全寿命周期中组织、过程、目标、责任体系的连续性和一致性，构建一种柔性化的项目管理机制，使各参与方在共同目标下彼此认同、相互理解、有效沟通、相互配合，形成一个和谐的超越传统组织边界的项目团队；通过建立信息一体化平台和各过程的合理衔接，实现信息和重要资源的共享。它体现了资源的优化配置，遵循了项目实施的客观规律，符合投资主体对项目管理的新需求，将成为国内外大型复杂项目建设管理的一种先进模式。

二、工程项目建设程序

工程项目建设程序是指工程项目从策划、选择、评估、决策、设计，施工到竣工验收、交付使用和投入生产的整个建设过程中，各项工作必须遵循的先后工作次序，是遵循工程项目生命周期运行规律而建立的管理程序。

建设程序反映了建设工作客观的规律性，是工程项目科学决策和顺利进行的重要保证，由国家制定法规予以规定。严格遵循和坚持按建设程序办事是提高工程建设经济效益的必要保证。世界上各个国家和国际组织在工程项目建设上都制定了相应的程序，虽然可能存在着某些差异，但是按照工程建设项目发展的内在规律，投资建设一个工程项目都必须经过投资决策和建设实施两个发展时期。这两个发展时期又可分为若干个阶段，它们之间存在着严格的先后程序，可以进行合理的交叉，但不能任意颠倒。不管是政府投资项目还是企业投资项目，不管是国内的项目还是国外的项目，它们都在推行或自觉执行项目基本建设程序。

目前，我国大中型项目的建设过程大体上分为项目决策和项目实施两大阶段项目。决策阶段的主要工作是编制项目建议书，进行可行性研究和编制可行性研究报告。以可行性研究报告得到批准作为一个重要的“里程碑”，通常称为批准立项。立项后，建设项目进入实施阶段，主要工作是项目设计、建设准备，施工安装和使用前准备、竣工验收等。

工程建设项目实施程序，是指土木建筑工程线路、管道及设备安装工程，建筑装饰工程等新建、扩建、改建活动的施工准备、施工阶段、竣工阶段应遵循的有关工作步骤。其中，施工准备阶段分为工程建设项目报建，委托建设监理、招标投标、施工合同签订；施工阶段分为建设项目施工许可证领取、施工；竣工阶段为竣工验收及保修。

（一）工程建设项目报建

建设单位或其代理机构在工程建设项目可行性研究报告或其他立项文件批准后，须向当地建设行政主管部门或其授权机构进行报建，交验工程建设项目立项的批准文件、批准的建设用地等其他有关文件。

1. 报建内容

工程建设项目的报建内容主要包括：工程名称、建设地点、投资规模、资金来源、当年投资额、工程规模、开竣工日期、发包方式、工程筹建情况。

2. 报建程序

（1）建设单位到建设行政主管部门或其授权机构领取《工程建设项目报建表》。

（2）按报表的内容及要求认真填写。

（3）向建设行政主管部门或其授权机构报送《工程建设项目报建表》，经批准后，按规定进行招标准备。

工程建设项目的投资和建设规模有变化时，建设单位应及时到建设行政主管部门或其授权机构进行补充登记。筹建负责人变更时，应重新登记。

3. 建设行政主管部门报建管理

（1）贯彻实施《建筑市场管理规定》和有关的方针政策。

（2）管理监督工程项目的报建登记。

（3）对报建的工程建设项目进行核实、分类、汇总。

（4）向上级主管机关提供综合的工程建设项目报建资料。

（5）查处隐瞒不报违章建设的行为。

凡未报建的工程建设项目不得办理招标手续和发放施工许可证，设计、施工单位不得承接该项工程的设计和施工任务。

（二）开工前审计

固定资产投资项目实行开工前审计制度。大中型建设项目和总投资3000万元以上的楼堂馆所项目（不包括技术改造项目，下同）的开工报告，须先经审计机关审计，方可向有关审批机关报批。小型建设项目和3000万元以下的楼堂馆所项目开工前，须先经审计机关审计，方可向有权审批开工的机关办理项目开工手续。（邹登雄，2019）

（三）委托建设监理

建设单位应当根据国家有关规定，对必须委托监理的工程，委托具有相应资质的建设监理单位进行监理。

（四）工程建设项目招标

工程建设项目施工，除某些不适宜招标的特殊建设工程项目外，均需依法实行招标。施工招标可采用公开招标、邀请招标的方式。工程建设项目的施工招标，按《中华人民共和国招标投标法》的规定进行。

（五）签订施工合同

建设单位和施工企业必须签订建设工程施工合同。总承包企业将承包的工程建设项目分包给其他单位时，应当签订分包合同。分包合同与总承包合同的约定应当一致；不一致时，以总承包合同为准。

施工合同的签订，应使用国家工商总局、住建部发布的《建设工程施工合同》示范文本，并严格执行《中华人民共和国合同法》《建设工程施工合同管理办法》的规定。

（六）办理建设项目施工许可证

建设单位必须在开工前向建设项目所在地县以上人民政府建设行政主管部门办理建设项目施工许可证手续。未取得施工许可证的，不得开工。

申请施工许可证应当具备下列条件：

（1）已经办理该建设工程用地批准手续。

（2）在城市规划区的建设工程，已经取得规划许可证。

（3）需要拆迁的，其拆迁进度符合施工要求。

（4）已经确定施工单位。

（5）有满足施工需要的施工图纸和技术资料。

（6）有保证工程质量和安全的具体措施。

（7）建设资金已经落实。

（8）法律法规规定的其他条件。

建设单位应当自领取施工许可证之日起三个月内组织开工。因故不能按期开工的，建设单位应当向发证机关说明理由，申请延期。延期以两次为限，每次不超过三个月。不按期开工又不按期申请延期或者超过延期时限的，施工许可证自行废止。

（七）工程施工

承包工程建设项目的施工单位必须持有资质证书，并在资质许可的范围内承接工程。建设项目开工前，建设单位应当指定施工现场的工程师，施工单位应当指定项目经理，并分别将工程师和项目经理的姓名及授权事项书面通知对方，同时报工程所在地县级以上地方人民政府建设行政主管部门备案。

施工单位项目经理必须持有资质证书，并在资质许可的业务范围内履行项目经理职责。项目经理全面负责施工过程中的现场管理，并根据工程规模，技术复杂程度和施工现场的具体情况，建立施工现场管理责任制，并组织实施。

施工单位必须严格按照有关法律、法规和工程建设技术标准的规定，编制施工组织设计，制定质量、安全、技术、文明施工等各项保证措施，确保工程质量、施工安全和现场文明施工。

施工单位必须严格按照批准的设计文件、施工合同和国家现行的施工及验收规范进行工程建设项目施工。施工中若需变更设计，应按照有关规定和程序进行，不得擅自变更。

建设、监理、勘察设计单位、施工单位和建筑材料，构配件及设备生产供应单位，应按照《中华人民共和国建筑法》《建设工程质量管理条例》的规定承担工程质量责任和其他相应责任。

（八）竣工验收

竣工验收是全面考核建设工作，检查是否符合设计要求和工程质量的重要环节，对促进建设项目及时投产，发挥经济效益，总结建设经验有重要作用。

（九）建设项目保修

《建筑工程质量管理条例》规定：建设工程实行质量保修制度。施工单位在向建设单位提交竣工验收报告时，应当向建设单位出具质量保修书。质量保修书中应当明确建设工程的保修范围、保修期限和保修责任等。

建设工程保修期限是指从竣工验收合格之日起，对出现的质量缺陷承担保修和赔偿责任的年限。保修期限、返修和损害赔偿按《建设工程质量管理条例》的规定执行。

第二节　建设工程项目管理的组织

一、工程承发包模式

（一）平行承发包模式

1. 概念

相对于业主方来说，平行承发包又称分别承发包，指发包方根据工程项目的特点、进展情况和控制目标的要求等因素，将项目按照一定原则分解，分别发包给不同的实施单位，发包方分别与各个实施单位签订施工合同，这是比较传统的模式（不得将工程肢解发包）。相对于承包方来说，则是依据项目特点等，多个承包商分别与业主方签订施工合同。

2. 特点

（1）费用控制：业主要等最后一份合同签订后才知道工程总造价，这对投资的早期控制不利。

（2）进度控制：开工日期提前，可以边设计边施工，缩短了建设周期；需进行多次招标，用于招标的时间较多。

（3）质量控制：符合质量控制上的“他人控制”原则，对业主的质量控制有利。

（4）合同管理：业主要负责所有合同的招标、合同谈判与签约，合同界面比较多，合同管理工作量大。

（5）组织与协调：业主要负责对所有承包商的管理及组织协调，工作量大。

3. 评价

（1）优点：将任务分解后发包，在设计和施工阶段有可能形成搭接关系，可以缩短工期；任务细分可以降低工作的不确定性，从而减少风险补偿和管理费用。

（2）缺点：合同数量多，造成业主合同管理困难；系统内部界面增多，业主组织协调管理工作量增大。

（二）施工总承包模式

1. 概念

设计和施工由不同的单位完成，承包商将项目分包给不同的专业分包商。施工过程中，业主在设计单位的协助下或者委托监理单位对工程进行监督，确保承包商按图样和技术条款施工，这是国内目前应用最广的建筑工程承包模式。

2. 评价

（1）优点：业主对设计可以进行严格控制，使设计充分体现其意图；可以充分利用竞争机制选择技术水平高的承包商，从而达到高质量、低造价、短工期的效果。

（2）缺点：建设周期较长；设计与施工相脱离，设计变更较多；合同关系复杂，业主的工作量大。

3. 适用情况

（1）规模不大、难度低的项目，特别是普通工业民用建筑工程。

（2）工程规模大、技术复杂，能承包这类工程的施工企业很少。

（三）设计—施工总承包模式

1. 概念

将工程项目发包给一个承包单位，由承包单位完成设计和建造任务，在条件允许的情况下，承包单位可以将部分工程任务进行分包。业主与设计—施工总承包商可以分阶段签订合同，即第一阶段签订设计合同，在初步技术和施工图设计完成后，并通过业主和有关部门组织的设计审查，确定了工程项目投资以后，再签订施工承包合同。

2. 评价

（1）优点：交易成本较低，利润较高；业主的管理简单，协调工作量少；建设周期较短；设计与施工不脱离，设计变更少。

（2）缺点：业主不能对工程进行全程控制，这也加大了业主的风险；总承包商风险增大；合同价格难以确定。

3. 适用情况

结构比较简单，设计、施工工作量和项目费用容易确定的项目。

（四）设计—采购—施工交钥匙模式（EPC Turnkey）模式

1. 概念

在国际上对“EPC 交钥匙”模式还没有公认的定义。通常理解为承包商可提供从项目策划开始，提出方案、进行设计、市场调查、设备采购、施工、安装和调试，直至竣工移交的全套服务。

2.“EPC 交钥匙”模式中承包商的工作范围

（1）设计（Engineer）：除包括设计计算书和图样外，还要进行“业主的要求”中列明的设计工作，如项目可行性研究、配套公用工程设计、辅助工程设施的设计以及结构、建筑设计等。

（2）采购（Procure）：包括获得项目或施工期的融资，购买土地，购买工艺设计中的各类工艺、专利产品以及设备和材料等。

（3）施工（Construct）：一般包括全面的项目施工管理，如施工方法安全管理、费用控制、进度管理及设备安装调试、工作协调等。

3. 评价

（1）优点：项目责任单一，简化了合同组织关系，有利于业主管理；该模式属于总价包干，业主的投资成本在早期即可得到保证；可以采用阶段发包的方式以缩短工程工期；将工艺设计与设备采购及安装相结合，有利于提升项目综合效益；业主方承担的风险较小。

（2）缺点：能够承担 EPC 大型项目的承包商数量较少；承包商承担的风险较大，项目效益、质量很大程度上取决于承包商的经验及水平；工程造价可能较高。

4. 适用情况

以交钥匙方式提供工艺或动力设备的工厂、大型土木工程及基础设施工程。

5. EPC Turnkey 模式下承包商可能遇到的风险

业主资金不到位；投标报价过低；总承包商的管理能力差；施工错误、返工、变更等；承包商的设计单位和施工单位能力不协调；工程师（或业主代表）拖延或刁难；供应商供货不及时、不合格、索赔等；施工中的技术风险；通货膨胀；不可抗力。

6. EPC 交钥匙总承包的变通形式。

（1）设计—采购—施工管理（EPCm，m-managenent）。指 EPCm 总承包商负责工程项目的设计、采购和施工管理，不负责组织施工，但对工程的进度、质量全面负责。

（2）设计—采购—施工监理（EPCs，s-superintendence）。指 EPCs 总承包商负责工程项目的设计、采购和施工监理。业主与施工承包商另外签订合同。

（3）设计—采购—施工咨询（EPCa，a-advisory）。指 EPCa 总承包商负责工程项目的设计、采购，在施工阶段向业主提供施工咨询服务，但不负责施工的管理和监理。

承包方式及合同类型的确定是一个动态的过程。一般情况下，首先由业主先选定一种对自己有利的承包方式和合同类型，然后在业主与承包商利益风险平衡的基础上确定。

承发包模式与工程项目管理模式密切相关，不同的管理模式会产生不同的合同体系、组织结构和管理特点。

二、工程项目组织概述

（一）组织、组织论与组织工具

1. 组织

组织是为了实现某种既定目标，通过明确分工和协作关系，建立不同层次的权利、责任、利益制度而构成的能够一体化运行的由人组成的系统。因此，对组织可以这样理解：①组织是人们有共同目标的集合体。②组织是人们通过某种形式的结构关系而共同工作的集合体。③组织是人们运用不同知识技术的系统，是人们相互影响的社会心理系统。④表现为组织结构形式，即按照一定的体制、部门设置、层次划分及职责分工而构成的有机体。⑤表现为组织管理过程，即为达到一定的目标，运用组织所赋予的权力，对所需的资源进行合理配置。

组织的共性：第一，组织是由人来组成的，具有专业化的特点，每个组织都有自己的目标，组织中的人具有一定的专业技能；第二，组织中的每个成员有特定的活动；第三，组织成员都有自己的目标管理，成员的目标组成了组织的目标，组织的成员互相合作，共同为组织工作。

2. 组织论

组织论是一门学科，它主要研究系统的组织结构模式、组织分工和工作流程组织，它是与项目管理学相关的一门非常重要的基础理论学科。

组织结构模式反映了一个组织系统中各子系统之间或各元素（各工作部门或各管理人员）之间的指令关系。指令关系指的是哪一个工作部门或哪一位管理人员可以对哪一个工作部门或哪一位管理人员下达工作指令。组织分工反映了一个组织系统中各子系统或各元素的工作任务分工和管理职能分工。组织结构模式和组织分工都是一种相对静态的组织关系。工作流程组织则可反映一个组织系统中各项工作之间的逻辑关系，是一种动态关系。

3. 组织工具

组织工具是组织论的应用手段，用图或表等形式表示各种组织关系，它包括：项目结构图、组织结构图（管理组织结构图）、工作任务分工表、管理职能分工表、工作流程图等。

（二）工程项目组织的特点

工程项目与一般项目有较大的差异，这使得工程项目组织与其他项目组织也有很大的差别，具体表现为以下特点：

（1）项目组织的临时性。工程项目具有一次性的特点，并具有开始和结束的时间，是临时的，这也使工程项目组织具有临时性的特点，即项目负责人是临时的，成员是临时的，组织也是临时的。

（2）项目组织的动态变化性。项目组织在不同的实施阶段，工作内容不同，项目的参与者不同；同一参与者在项目的不同阶段其任务也不同。如在工程项目中，前期决策阶段会有咨询师进入，设计阶段会有很多设计师进入，而施工阶段则是施工队伍进入，他们各自在不同的阶段发挥着重要作用。项目结束后，项目组织解散。

（3）项目组织的柔性。项目受环境影响，环境发生变化，就会使项目获得资源的手段方式发生改变，项目的生产方式或技术标准可能也会发生变化，项目成员也可能会进行相应调整，组织要有迅速适应环境变化的能力。

（4）项目组织的复杂性。工程项目实施过程中，因参与主体较多，项目实施中形成不同任务和目标，进而形成了不同的组织形式，不同的组织形式组成了复杂的组织结构体系。但为了完成项目的共同目标，不同的组织形式应相互适应，同时工程项目组织还要与企业自身组织形式相适应，因此增加了项目组织的复杂性。

（5）项目组织与企业组织关系的密切性。项目组织因项目而组建但依据企业而产生，构成企业组织的一部分；同时企业是项目组织的外部环境，项目组织人员来自企业，并最终回归企业；企业的经营目标、企业文化、企业资源和利益分配均影响项目组织效率。

三、工程项目管理组织形式

为了实现工程项目目标，使人们在项目中高效率地工作，必须设计项目组织结构，并对项目组织的运作进行有效的管理。通常可以用组织结构图表示项目各参加单位之间的关系。

（一）直线型项目组织形式

独立的单个中小型工程项目都采用直线型项目组织形式，这种组织结构形式与项目的结构分解图具有较好的对应性。

1. 优点

（1）保证单线领导，每个组织单元仅对一个上级负责，上级对下级直接行使管理和监督的权力即直线职权，一般不能越级下达指令。项目参加者的工作任务分配明确，责任和权力关系清楚，指令唯一，这样可以减少扯皮和纠纷，协调方便。

（2）项目经理有指令权，能直接控制资源，对业主负责。

（3）信息流通快，决策迅速，项目容易控制。

（4）组织结构形式与项目结构分解图式基本一致。这就使目标分解和责任落实较容易，不遗漏项目工作，组织障碍较小，协调费用低。

2. 缺点

（1）当项目（或子项目）比较多且比较大时，每个项目（或子项目）都对应一个完整独立的组织机构，资源不能得到充分合理的利用。

（2）项目经理责任较大，一切决策信息都来源于项目经理，要求其能力强、知识全面、经验丰富，否则决策较难、较慢，易出错。

（3）不能保证项目组织成员之间信息流通的速度和质量，权力争执会使项目组织成员间合作困难。例如，施工单位发现设计问题不直接找设计单位，必须先找项目经理，项目经理再转达给设计单位；设计变更后，先交项目经理，再到达施工单位。

（4）如果工程较大，专业化分工太细，会造成多级分包，进而造成管理层次的增加。

（二）职能式项目组织形式

职能式项目组织是指按职能原则建立的项目组织。在不打乱企业现行建制的条件下，通过企业常设的不同职能部门组织完成项目，其他部门边发挥各自的职能作用，边协助项目组织实现项目目标。

我国事业单位、高校、大多数企业目前沿用这种传统的组织结构模式，不少建设项目也还用这种传统的组织结构模式，在工作中常常出现交叉和矛盾的工作指令关系，严重影响项目管理机制的运行和项目目标的实现。

1. 优点

强调职能部门和职能人员专业化的作用，提高了项目组织内职能管理的专业化水平，提高了项目管理水平和效率，项目经理主要负责协调。

2. 缺点

（1）职能式项目组织中权力过于分散，有碍于命令的统一性，容易形成多头领导的情况。

（2）不能适应大型复杂项目或涉及多个部门的项目，因而局限性较大。

（3）不利于精简机构。

（三）矩阵式项目组织形式

进行一个特大型工程的建设，而这个工程可分为许多自成体系、能独立实施的子项（标段）时，可以将各子项看作独立的项目，则相当于进行多项目的实施。

矩阵式组织是原则上价值相同的两个管理系统——项目经理和职能经理的有机融合，由双方共同工作，完成项目任务，使部门利益和项目目标达到一致。它是在纵向职能管理基础上强调项目导向的横向协调作用，信息双向流动和双向反馈。在两个系统的集合处存在界面，需要具体划分双方的责任、任务，以处理好两者之间的关系。

1. 优点

（1）能够集中企业全部资源（特别是技术力量）在各项目上，形成以项目任务为重的管理，利于项目目标的实现。

（2）能以尽可能少的人力资源实现多个项目管理的高效率。

（3）矩阵式项目组织结构富有弹性，有自我调节的功能，能更好地体现动态管理和优化组合，适用于时间和费用压力大得多的项目和大型项目的管理。例如，增加一个项目，对于职能部门仅增加了一项专业任务，仅影响计划和资源分配；项目结束时，也不会影响整个组织结构。

（4）矩阵式项目组织能兼顾产品（或项目）和专业职能活动，职能部门和项目组共同承担项目任务，共同工作，各参加者独立地追求不同部门和不同项目利益的平衡，能够发挥双方的积极性，因此解决了企业组织和项目组织的矛盾，综合了项目组织和职能组织的优点。

（5）矩阵式项目组织的结构、权力与责任关系趋向灵活，能在保证项目经理对项目最有力控制的前提下，充分发挥各职能部门的作用，保证信息和指令的传递途径较短，组织层次较少，企业组织扁平化。决策层、职能部门、实施层之间的距离小，沟通速度快。

2. 缺点

（1）存在组织上的双重领导、双重职能、双重汇报关系、双重的信息流、工作流和指令界面，界面管理的难度和复杂性增加，易造成项目经理或部门领导的越权、争权扯皮和推卸责任现象，产生混乱和争执，甚至出现对抗状态。

（2）管理人员来自职能部门，且仍然受职能部门控制，在项目上的凝聚力减弱，容易使项目组织的作用发挥受到影响。

（3）由于许多项目同时进行，导致项目之间竞争专业部门的资源。而一个职能部门同时管理许多项目的相关工作，资源分配是关键。由于企业内各项目间的优先次序不易确定，所以带来协调上的困难。为了获取有限资源，职能经理与项目经理之间容易产生矛盾。

（4）采用矩阵式的组织结构会对已建立的企业组织规则产生冲击，如职权和责任模式、生产过程的调整、后勤系统、资源的分配模式、管理工作程序人员的评价和激励体系等。

矩阵式组织结构适用于一些重大攻关项目。企业可用来完成涉及面广的临时性的、复杂的重大工程项目或管理改革任务。特别适用于以开发与实验为主的单位，如科学研究单位、应用性研究单位等；也适用于生产经营场所流动、单件性生产的项目，如建筑项目的中下层机构普遍采取这种形式。

（四）项目式组织形式

项目式组织是为了完成某个特定的项目任务而由不同部门，不同专业的人员所组成的一个特别工作组织，它不受既存的职能组织构造的束缚，但也不能代替各种职能组织的职能活动。在项目型组织结构中，由项目经理从各部门抽调专业人员，与原来的职能部门暂时脱离管理关系，成为项目的全职人员，全身心投入工程项目的实施，并由项目经理组织协调各职能部门的工作。根据项目活动的集中程度，它的机构可以很小，也可以很庞大。

项目式组织形式适用于经营业务是项目，不生产标准产品的企业。广泛应用于建筑业、航空航天业等价值高、周期长的大型项目，也可应用于非营利机构，如募捐活动的组织、小镇百年庆祝活动、大型聚会等。

四、工程项目组织协调管理

（一）组织协调概述

1. 组织协调的概念

协调就是联结、联合、调和所有的活动和力量。协调工作应贯穿于施工项目管理的全过程，以排除障碍、解决矛盾，保证项目目标的顺利实现。

协调或协调管理，在美国的项目管理中称为“界面管理”，是主动协调相互作用的子系统之间的能量、物质、信息交流，以实现系统目标的活动。

2. 组织协调的常见内容

（1）人际关系包括施工项目组织内部、施工项目组织与关联单位人际关系的协调，以处理相关工作部门中人与人之间在管理工作中的联系和矛盾。

（2）组织机构关系包括协调项目经理部与企业管理层及劳务作业层之间的关系，以实现合理分工、有效协作。

（3）供求关系包括协调企业物资供应部门与项目经理部及生产要素供需单位之间的关系，以保证人力、材料、机械设备、技术、资金等各项生产要素供应的优质、优价、适时、适量。

（4）协作配合关系包括近外层关系的配合，以及内部各部门、上下级、管理层与劳务作业层之间关系的协调。

（5）约束关系包括法律法规约束关系和合同约束关系，主要通过提示、教育、监督、检查等手段防范矛盾，并及时、有效地解决矛盾。

3. 组织协调的方法

（1）会议协调法。包括召开工地例会、专题会议等。

（2）交谈协调法。包括面对面交谈、电话交谈等。

（3）书面协调法。包括信函、数据电文等。

（4）访问协调法。包括走访、邀请，主要用于系统外部协调。

（5）情况介绍法。通常结合其他方法，共同使用。

（二）内部关系的组织协调

1. 内部人际关系的协调

主要依据各项规章制度，通过做好思想工作，加强教育培训，提高人员素质等方法实现。

2. 项目经理部与企业管理层的协调

主要依靠严格执行“项目管理目标责任书”等方法实现。

3. 项目经理部与劳务作业层关系的协调

主要依靠履行劳务合同，以及执行“施工项目管理实施规划”等方法实现。

4. 内部供求关系的协调

内部供求关系的涉及面广、协调工作量大，并存在随机性。

因此，项目经理部应认真做好供需计划的编制、平衡和执行工作，并充分发挥调度系统和调度人员的作用，加强调查工作，排除障碍。（舒丽，2018）

（三）外层关系的组织协调

外层关系属于对法人的关系，因此项目经理部进行外层关系的组织协调时，必须在企业法定代表人的授权范围内实施，否则项目经理部无权处理对外事务。

第三节　建设工程项目管理规划

一、工程项目管理规划概述

（一）工程项目管理规划概念

项目管理策划由项目管理规划策划和项目管理配套策划组成，而项目管理规划包括项目管理规划大纲和项目管理实施规划。

从管理学的角度定义，项目管理规划是对工程项目全过程中的各种管理职能、各种管理过程以及各种管理要素进行完整的、全面的总体计划。从总体上和宏观上对如下几个方面进行了分析和描述：①为什么要进行项目管理。②项目管理需要做什么工作。③怎样进行项目管理。④谁做项目管理的哪方面的工作。⑤什么时候做哪些项目管理工作。⑥项目的总投资。⑦项目的总进度。

项目管理规划作为指导项目管理工作的纲领性文件，应对项目管理的目标、依据、内容、组织、资源、方法、程序和控制措施进行确定。它对项目管理的各项工作进行综合性的、完整性的、全面的总体规划。建设工程项目管理规划必须随着情况的变化而进行动态调整。大中型项目应单独编制项目管理实施规划；承包人的项目管理实施规划可以用施工组织设计或质量计划代替，但应能满足项目管理规划的要求。

（二）工程项目管理规划的目的

工程项目管理规划的目的是确定项目管理的目标依据、内容、组织、资源方法、程序和控制措施，以保证实施项目管理的项目成功进行。

（三）工程项目管理规划的作用

从管理学对规划的定义看，规划实质上就是计划，所以规划的作用就是计划的作用。对此人们已经有许多论述。但与传统的计划不同，项目管理规划的范围更大，综合性更强，所以它有更为特殊的作用。

（1）规划是对项目构思、项目目标更为详细的论证。在项目的总目标确定后，通过项目管理规划可以分析研究总目标能否实现，总目标确定的费用、工期、功能要求能否得到保证，是否平衡。

（2）规划既是对项目目标实现方法、措施和过程的安排，又是项目目标的分解过程。规划结果是许多更细、更具体的目标的组合，它们将被作为各级组织在各个阶段的责任。规划常常又是中间决策的依据，因为对项目管理规划的批准是一项重要的决策工作。

（3）规划是项目管理实际工作的指南和项目实施控制的依据。以规划作为对项目管理实施过程进行监督、跟踪和诊断的依据。最后它又作为评价和检验项目管理实施成果的尺度，作为对各层次项目管理人员业绩评价和奖励的依据。

（4）业主和项目的其他方面（如投资者）需要了解和利用项目管理规划的信息。在现代工程项目中，没有周密的项目管理规划，或项目管理规划得不到贯彻和保证是不可能取得项目的成功。

（四）工程项目管理规划的编制

项目管理规划作为项目管理的一个重要工作，在项目立项后（如对建设项目在可行性研究批准后）编制。项目管理规划大纲应由组织的管理层或组织委托的项目管理单位编制。

其编制的依据为：①可行性研究报告。②设计文件、标准、规范与有关规定。③招标文件及有关合同文件。④相关市场信息与环境信息。

工程项目管理规划大纲编制的程序为：①明确项目目标。②分析项目环境和条件。③收集项目的有关资料和信息。④确定项目管理组织模式、结构和职责。⑤明确项目管理内容。⑥编制项目目标计划和资源计划。⑦汇总整理，报送审批。

工程项目管理实施规划的编制应由项目经理组织编制。其编制的依据为：①项目管理规划大纲。②项目条件和环境分析资料。③工程合同及相关文件。④同类项目的相关资料。

工程项目管理实施规划的编制程序为：①了解项目相关各方的要求。②分析项目条件和环境。③熟悉相关法规和文件。④组织编制。⑤履行报批手续。

二、施工项目管理规划大纲

（一）工程项目管理规划大纲的性质

工程项目管理规划大纲是具有战略性、全局性和宏观性的指导文件。战略性，主要是其内容高屋建瓴，具有原则性和长效性的指导作用；全局性，主要是指它所考虑的是项目管理的整体而不是某一部分或局部，是全过程；宏观性，指该规划涉及的都是重要的、关键的，范围大的，而不是微观的。

（二）施工项目管理规划大纲的作用

施工项目管理规划大纲是整个施工项目管理的纲要文件，对工程的投标文件的编制、投标报价、施工组织设计（或承包人的质量计划）的编制、施工项目管理实施规划的编制和整个工程施工具有战略的、总体的和宏观的规定性。施工项目管理规划大纲的作用有如下两方面：①作为编制投标文件的战略指导与依据。②在投标、合同谈判和签订合同中贯彻执行。

（三）施工项目管理规划大纲的编制程序

施工项目管理规划大纲的基本编制程序是：招标文件分析→现场踏勘、环境调查→项目实施条件分析→项目管理目标规划→项目组织规划→施工准备规划→施工部署（方案）→项目成本管理规划→项目进度管理规划→项目质量管理规划→项目安全、职业健康与环境管理规划→各类资源使用规划→技术组织措施规划→项目信息与风险管理规划→施工平面图规划→各项指标计算与分析。

（四）施工项目管理规划大纲的编制要求

安装工程施工管理规划是针对各个工程的不同施工条件，研究工程统筹安排与系统管理规律的一门学科。应针对不同工程编制出符合拟建工程特点的施工项目管理规划文件。

施工项目管理规划大纲的编制要求主要有以下几点：

（1）规划大纲应由承包人委托的项目管理公司或由总承包人的管理层编制。

（2）编制时，以为本企业的项目管理服务为宗旨，作为内部文件处理。为了满足发包人的需求，可根据招标文件的要求内容进行摘录，但其内容应作为企业机密。

（3）大纲中规划的各种目标，都应该满足招标人（招标文件）提出的各项要求，但招标人提出的目标不能作为企业的计划管理目标，计划管理目标应该更加积极可靠，以调动项目管理的积极性。

（4）各项技术组织措施的规划应立足于企业的经营管理水平和实际生产水平，可靠、可行、有效。

（5）由于开工前还要编制施工项目管理实施规划，故大纲应详略适宜，实施性的内容宜粗不宜细，应能对施工项目管理实施规划起指导纲领性的作用，待编制施工项目管理实施规划时再加以细化。

（五）施工项目管理规划大纲的编制依据

（1）招标文件及发包人对招标文件的解释。

（2）企业对招标文件的分析研究结果。

（3）工程现场情况。

（4）发包人提供的工程信息和资料。

（5）有关竞争对手、市场资源的信息。

（6）企业决策层的投标决策意见。

（六）施工项目管理规划大纲的编制内容

项目管理规划大纲应包括项目概况、项目范围管理规划、项目管理目标规划、项目管理组织规划、项目成本管理规划、项目进度管理规划、项目质量管理规划、项目职业健康安全与环境管理规划、项目风险管理规划、项目信息管理规划、项目沟通管理规划、项目采购与资源管理规划、项目收尾管理规划等 13 个方面的内容。在编制施工项目管理规划大纲时，应以此为基础主要完成以下内容。

1. 项目概况

（1）施工项目基本情况描述。项目的规模可以用一些数据指标描述。

（2）施工项目的承包范围描述。包括承包人的主要合同责任、承包工程范围的主要数据指标、主要工程量等。

2. 项目范围管理规划

项目范围管理规划应以确定并完成施工项目目标为根本目的，通过明确项目有关各方的职责界限，以保证项目管理工作的充分性和有效性。

（1）项目范围管理的对象应包括为完成项目所必需的专业工作和管理工作。

（2）项目范围管理的过程应包括项目范围的确定、项目结构分析、项目范围控制等。

（3）项目范围管理应作为项目管理的基础工作，并贯穿于项目的全过程。

3. 项目管理目标规划

项目管理目标包括以下两个部分。

（1）招标文件要求的目标。如规定的使用功能要求、工期、质量标准、法律法规规定的环境保护标准和安全标准等。招标文件规定的项目目标通常是必须实现的，否则投标人就不能中标。

（2）企业对施工项目的要求。如工程成本或费用目标、企业的形象及从企业经营的角度对招标文件要求的目标的调整要求（如投标人有信心将工期缩短并作出承诺）。

项目管理的目标应尽可能定量描述，使其可执行、可分解。在项目实施过程中可以对目标进行控制，在项目结束后可以根据目标的完成情况对施工项目经理部进行考核。施工项目的目标水平应使施工项目经理部通过努力能够实现，如果目标过高会使项目经理部失去努力的信心，过低会使项目失去优化的可能，使企业经营效益降低，导致施工项目之间的不平衡。

4. 项目管理组织规划

项目管理组织规划应符合企业施工项目的组织方案，此方案分为两类：①对专业性施工任务的组织方案。②针对施工项目管理组织（施工项目经理部）的方案。在施工项目管理规划大纲中不需要详细描述施工项目经理部的组成状况，但必须原则性地确定项目经理、技术负责人等的人选。

通常按照项目业主招标的要求，项目经理或技术负责人在项目业主的澄清会议上进行答辩，所以项目经理或技术负责人必须尽早任命，并尽早介入施工项目的投标过程。这不仅是为了中标的要求，而且能够保证施工项目管理的连续性。

5. 项目成本管理规划

项目成本管理规划应提出施工预算和成本计划的总体原则。成本目标规划应包括项目的总成本目标，按照主要成本项目进行成本目标分解（如施工工人、主要材料、设备用量以及相关的费用），现场管理费额度，保证成本目标实现的技术组织措施等。成本目标规划应留有一定的余地，并有一定的浮动空间。

成本目标的确定应反映如下因素：施工工程的范围、特点、性质；招标文件规定的承包人责任；工程的现场条件；承包人对施工工程确定的实施方案。

成本目标是承包人投标报价的基础，将来又会作为对施工项目经理部的成本目标责任和考核奖励的依据，应反映承包人的实际开支，所以在确定成本目标时不应考虑承包人的经营战略。

6. 项目进度管理规划

项目进度管理规划应说明招标文件（或招标人要求）的总工期目标、总工期目标的分解、主要的“里程碑事件”及主要工程活动的进度计划安排、施工进度计划表、保证进度目标实现的措施等。

项目管理规划大纲中的工期目标与总进度计划不仅应符合招标人在招标文件中提出的总工期要求，而且应考虑到环境（特别是气候）条件的制约、工程的规模和复杂程度、承包人可能有的资源投入强度，要有可行性。在制订总计划时应参考已完成的当地同类工程的实际进度状况。

进度计划应采用横道图或网络图的形式，并注明主要的“里程碑事件”。

7. 项目质量管理规划

项目质量管理规划包括质量目标规划和主要的施工方案描述。

（1）招标文件（或项目业主）要求的总体质量目标。质量目标的指标既应符合招标文件规定的质量标准，又应符合国家和地方的法律、法规、规范的要求。施工项目管理工作、施工方案和组织措施等都要保证该质量目标的实现，这是承包人对项目业主最重要的承诺。应重点说明质量目标的分解和保证质量目标实现的主要技术组织措施。

（2）主要的施工方案描述，包括工程施工次序的总体安排、重点单位工程或重点分部工程的施工方案、主要的技术措施、拟采用的新技术和新工艺、拟选用的主要施工机械设备方案。

8. 项目职业健康安全与环境管理规划

（1）项目职业健康安全规划应提出总体的职业健康安全目标责任、施工过程中的主要不安全因素、保证职业健康安全的主要措施等。对危险性较大或专业性较强的施工项目，应当编制职业健康安全组织计划（或职业健康安全管理体系），并提出详细的职业健康安全组织、技术和管理措施，保证职业健康安全管理过程是一个持续改进的过程。

（2）项目环境管理规划应根据施工工程范围、工程特点、性质、环境、项目业主要求等的不同，按照需要增加一些其他内容。比如，对一些大型的、特殊的工程，项目业主要求承包人提出保护环境的管理体系时，应有较详细的重点规划。

9. 项目风险管理规划

工程项目风险管理规划应根据工程的实际情况对施工项目的主要风险因素做出预测，并提出相应的对策措施，提出风险管理的主要原则。在工程项目管理规划大纲阶段对风险考虑得较为宏观，要着眼于市场、宏观经济、竞争对手。业主资信等。施工风险的对策措施通常是回避风险大的项目，选择风险小或适中的项目。对于风险超过自己的承受能力，成功把握不大的项目，不参与投标。

10. 项目信息管理规划

项目信息管理规划应包括：与项目组织相适应的信息流通系统、信息中心的建立规划、项目管理软件的选择与使用规划、信息管理实施规划等内容。

11. 项目沟通管理规划

项目沟通管理规划主要指项目管理组织就项目所涉及的各有关组织及个人相互之间的信息沟通、关系协调等工作的规划。

12. 项目采购与资源管理规划

项目采购与资源管理规划的任务就是按照项目的实施计划编制资源的使用和供应计划，将项目实施所需用的资源按正确的时间、正确的数量供应到正确的地点，并降低资源成本消耗。项目采购与资源管理规划的主要内容有项目物资材料管理、项目机械设备管理、项目劳动力管理、项目资金管理。

13. 项目收尾管理规划

项目收尾管理规划是项目管理全过程的最后阶段，包括竣工收尾、验收、结算、决算、保修、管理考核评价等方面的管理。

三、施工项目管理实施规划

（一）施工项目管理实施规划的性质

项目管理实施规划应以项目管理规划大纲的总体构想和决策意图为指导。具体规定各项管理业务的目标要求、职责分工和管理办法，把履行合同和落实项目管理目标责任书的任务贯彻在实施规划中，是项目管理人员的行为指南，是项目管理规划大纲的细化。项目管理规划大纲应具有操作性、实施性，由项目经理组织编制。（邹登雄，2019）

（二）施工项目管理实施规划的作用

（1）执行并细化项目管理规划大纲。

（2）指导项目的过程管理。

（3）将项目管理目标责任书落实到项目经理部，形成规划性文件。

（4）为项目经理指导项目管理提供依据。

（5）项目管理实施规划是项目管理的重要档案资料，为后续工程提供借鉴。

（三）项目管理实施规划的编制程序

1. 五个环节

（1）了解项目相关各方的要求。

（2）分析项目条件和环境。

（3）熟悉相关的法规和文件。

（4）组织编制。

（5）履行报批手续。

2. 七个编制步骤

（1）工程施工合同和施工条件分析。

（2）确定项目管理实施规划的目录及框架。

（3）分工编写。项目管理实施规划必须按照专业和管理职能分别由项目管理部的各部门（或各职能人员）编写，有时需要企业管理层的一些职能部门参与。

（4）汇总协调。由项目经理协调上述各部门（人员）的编写工作，给他们以指导，最后由项目经理指定人员汇总编写内容，形成初稿。

（5）统一审查。组织管理层进行审查，并在执行过程中进行监督和跟踪。

（6）修改定稿。由原编写人修改，由汇总人定稿。

（7）报批。由项目经理部报给组织的领导批准施工项目管理实施规划。

（四）项目管理实施规划编制的要求

（1）在组织管理层的领导下由项目经理组织编写。

（2）项目管理实施规划应反映从获得招标文件到签订合同，项目实施启动过程中经营战略、策略等的变化。对项目管理规划大纲有重大的或原则性的修改，应报请企业批准。

（3）为了满足项目实施的需求，应尽量细化，尽可能利用图表表示。

（五）施工项目管理实施规划的编制依据

（1）施工项目管理规划大纲。

（2）施工项目管理目标责任书。

（3）施工合同及相关文件。

（4）施工项目经理部掌握的有关信息。

其中，最主要的是施工项目管理规划大纲，应保持二者的一致性和连贯性。

（六）施工项目管理实施规划的编制内容

1. 工程概况

（1）工程特点。

（2）建设地点特征。

（3）施工条件。

（4）项目管理的特点及总体要求。

2. 施工部署

（1）该项目的质量、进度、成本及安全总目标。

（2）拟定投入的最高人数和平均人数。

（3）分包规划、劳动力规划、材料供应规划、机械设备供应规划。

（4）施工程序。

（5）项目管理总体安排，包括组织制度的控制、协调、总结分析与考核。

3. 施工方案

（1）施工流向和施工顺序。

（2）施工段划分。

（3）施工方法和施工项目机械选择。

（4）安全施工设计。

（5）环境保护内容及方法。

4. 施工进度计划

如果是建设项目施工，应编制施工总进度计划；如果是单项工程或单位工程施工，应编制单位工程施工进度计划。它们的内容均按有关规定确定。

5. 资源供应计划

（1）劳动力供应计划。

（2）主要材料和周转材料供应计划。

（3）机械设备供应计划。

（4）预制品订货和供应计划。

（5）大型工具、器具供应计划。

6. 施工准备工作计划

（1）施工准备工作的组织及时间安排。

（2）技术准备。

（3）施工现场准备。

（4）作业队伍和管理人员的组织准备。

（5）物资准备。

（6）资金准备。

7. 施工平面图

（1）施工平面图说明，应有设计依据、说明，使用说明。

（2）施工平面图，应有拟建工程各种临时设施，施工设施及图例。

（3）施工平面图管理规划。

8. 施工技术组织措施计划

（1）保证质量目标的措施。

（2）保证进度目标的措施。

（3）保证安全目标的措施。

（4）保证成本目标的措施。

（5）季节施工的措施。

（6）保护环境的措施。

（7）文明施工的措施。

上述各项施工技术组织计划均包括技术措施、组织措施、经济措施及合同措施。

9. 施工项目风险管理规划

（1）风险因素识别一览表。

（2）风险可能出现的概率及损失值估计。

（3）风险管理重点。

（4）风险防范对策。

（5）风险管理责任。

10. 技术经济指标的计算与分析

（1）技术经济指标；总工期；分部工程及单位工程达到的质量标准，单项工程和建设项目的质量水平；总造价和总成本，单位工程造价和成本，成本降低率；总用工量，平均人数，高峰人数，劳动力不均衡系数，单位面积（产值）的用工；主要材料消耗量及节约量；主要大型机械使用数量，台班量及利用率。

（2）对以上指标的水平高低做出分析和评价。

（3）针对实施难点提出对策。

第四节　项目经理

一、项目经理

（一）项目经理责任制

项目经理责任制是以项目经理为责任主体的项目管理目标责任制度，并以此确保项目履约，确立项目经理部与企业、职工三者之间的关系，即项目经理依据项目目标责任书，对工程项目全面负责，以创建优质工程为目标，以求得项目成果的最佳经济效益为目的，实行一次性、全过程的管理。

1. 项目经理责任制的特点

（1）全面负责制。以项目为对象，对建筑产品形成过程实行一次性、全过程的管理。

（2）经理负责制。实行经理负责，全员管理，指标考核，标价分离，项目核算，强调项目经理的个人主要责任。

（3）目标责任制。以保证工程质量、缩短工期、降低成本，保证安全和文明施工等各项目标为内容的全过程目标责任制。

（4）风险责任制。项目经理责任制充分体现了“指标突出，责任明确，利益直接，考核严格”的基本要求，其最终结果与项目经理、成员等个人利益挂钩，经济利益与责任风险同在。

2. 项目经理责任制的作用

（1）明确企业、项目经理、施工人员三者之间的关系。

（2）促使项目经理采用经济手段，强化工程项目的法制管理。

（3）促使项目经理对工程项目规范化、科学化管理和提高施工质量。

（4）有利于提高企业项目管理的经济效益和社会效益。

（5）建立项目经理责任制，全面组织生产优化配置的责任、权力、利益和风险机制。更有利于对施工项目工期、质量、成本、安全等各项目标实施强有力的管理，使项目经理有动力和压力，也有法律依据。

（二）项目经理的地位与作用

项目经理是工程项目实施阶段全面负责的管理者，明确项目经理的地位是做好项目管理的关键。

（1）项目经理是企业法人代表在项目上的全权委托代理人，是项目管理的第一责任人。从企业内部看，项目经理是项目实施过程中所有工作的总负责人；从对外方面看，项目经理是履行合同义务、执行合同条款、承担合同责任、处理合同变更、行使合同权利的最高合法人。

项目经理是项目目标的全面实现者，既要对建设单位的成果性目标负责，也要对企业的效益性目标负责。

（2）项目经理是协调各方关系，使之相互紧密协作配合的桥梁和纽带。项目经理对项目管理目标的实现承担全部责任，在工程项目实施过程中要组织和协调各方关系，共同承担履行合同的责任。

（3）项目经理对项目实施进行控制，对各种信息进行管理、运用，确保项目取得成功。

（4）项目经理是项目实施阶段的责任主体，是项目权力的主体，是项目利益的主体，是项目目标的最高责任者。

（三）项目经理的素质与能力

1. 知识结构

（1）专业知识。项目经理应接受过良好的专业教育，必须具有专业技术知识，且受过项目管理的专门培训或再教育，掌握项目管理知识，同时具有综合广阔的知识面，能够对所从事的项目迅速设计出解决问题的方法、程序，能抓住问题的关键，把握技术和实施过程中逻辑上的联系，掌握工程的系统知识。

（2）实践经验。项目管理过程中存在大量的不确定性因素以及可能遇到的各种复杂问题，这就要求项目经理必须具有丰富的实践阅历和解决实际问题的技能，既是管理专家，又是专业技术上的行家。

2. 素质

（1）品德素质。项目经理应当遵守国家的法律法规，服从企业的领导和监督；具有高度的事业心和责任感，坚忍不拔、开拓进取；具有良好的道德品质和团队意识，诚实信用、公道正直、以身作则，正确处理各方利益关系等。

（2）身体素质。繁重的管理任务、艰苦的工作与生活条件，要求项目经理必须具备健康的身体、充沛的精力、宽阔的心胸和坚强的意志。

3. 能力

（1）创新能力。项目管理是创新的工作，富于挑战性，所以项目经理在项目管理活动中应具有创新的精神、务实的态度，有强烈的管理信心和愿望，勇于挑战，勇于决策，勇于承担责任和风险，并努力追求工作的完美，追求更高的目标，不安于现状。

（2）决策能力。决策能力是项目经理根据外部经营条件和内部经营实力，构建多种建设管理方案并选择合理方案，确定建设方向的能力；是项目组织生命机制旺盛的主要因素；也是检验其领导水平的一个重要标志。

（3）组织能力。组织能力是项目经理为了实现项目目标，运用组织理论指导项目建设活动，有效地、合理地组织各个要素的能力。组织能力主要包括组织分析能力、组织设计能力和组织变革能力。

（4）领导能力。项目经理下达命令的单一性和指导多样性的统一是项目经理领导能力的基本内容。

（5）控制能力和差异发现能力。自我控制能力是指项目经理通过检查自己的工作，进行自我调整的能力；差异发现能力是对执行结果与预期目标之间产生的差异能及时测定，与实际结果进行比较的能力。

（6）协调能力。协调能力是指项目经理解决各方面的矛盾，使各个部门以及全体职工，为实现项目目标密切配合、统一行动的能力。现代大型工程项目的管理，除了需要依靠科学的管理方法、严密的管理制度之外，很大程度上要依靠项目经理的协调能力，主要是协调人与人之间的关系。协调能力具体表现在解决矛盾的能力、沟通的能力、鼓动和说服的能力。

（四）项目经理的职责与任务

1. 项目经理的职责

项目经理的职责因项目管理目标而异。一般应当包括以下各项内容：

（1）组建项目经理部，确定项目管理组织机构并配备相应人员。

（2）制定岗位责任制等各项规章制度，以有序地组织项目、开展工作。

（3）制订项目管理总目标阶段性目标以及总体控制计划，并实施控制，保证项目管理目标的全面实现。

（4）及时准确地做出项目管理决策，严格管理，保证合同的顺利实施。

（5）协调项目组织内部及外部各方面关系，并代表企业法人在授权范围内进行有关签证。

（6）建立完善的内部和外部信息管理系统，确保信息畅通无阻，保障工作高效进行。

2. 项目经理的任务

（1）贯彻执行国家和地方政府法律、法规和政策，执行企业各项管理制度，维护企业整体利益和经济利益。

（2）组织制定项目经理部各类管理人员的职责和权限及各项管理制度，并认真贯彻执行。

（3）签订和组织履行“项目管理目标责任书”，执行企业与业主签订的《工程项目承包合同》中应由项目经理负责履行的各项条款。

（4）对工程项目施工进行有效控制，执行有关技术规范和标准，积极推广应用新技术、新工艺、新材料和项目管理软件集成系统，确保工程质量和工期，实施安全、文明生产，努力提高经济效益。

（5）编制施工管理规划及目标实施措施，编制施工组织设计并组织实施。

（6）根据项目总工期的要求编制年度进度计划，组织编制施工季（月）度施工计划，包括劳动力、材料、构件及机械设备的使用计划，签订分包及租赁合同并严格执行。

（7）严格财务制度，加强成本核算，积极组织工程款回收，正确处理国家、企业和项目及个人的利益关系。

（8）科学地组织施工，加强各项管理。做好建设单位、监理和各分包单位之间的协调工作，及时解决施工中出现的问题。

（9）做好内、外层各种关系的协调工作，创造优越的施工条件。搞好与企业各职能部门的业务联系和经济往来，接受公司的宏观控制。

（10）做好工程竣工结算、资料整理归档工作，接受企业审计并做好项目经理部解体与善后工作。

（五）项目经理的权力

授权既是项目经理履行职责的前提，又是项目取得成功的保证。为了确保项目经理完成所担负的任务，必须授予其相应的权力。项目经理应当有以下权力：

（1）参与企业进行施工项目投标和签订施工合同。

（2）用人管理权。项目经理应有权决定项目经理部的设置、选择及聘任成员，对任职情况进行考核监督、奖惩，乃至辞退。

（3）财务管理权。在企业财政制度规定的范围内，根据企业法定代表人的授权和施工项目管理的需要，决定资金的投入和使用，决定项目经理部的计酬办法。

（4）物资采购管理权。按照企业物资分类和分工，对采购方案、目标、到货要求，以及对供货单位的选择、项目现场存放等进行决策和管理。

（5）进度计划控制权。根据项目进度总目标和阶段性目标的要求，对项目建设的进度进行检查、调整，并进行资源调配，从而对进度计划进行有效控制。

（6）技术质量决策权。根据项目管理实施规划或施工组织设计，有权批准重大技术方案和重大技术措施，必要时召开技术方案论证会，把好技术决策关和质量关，防止技术上出现决策失误，主持处理重大质量事故。

（7）现场管理协调权。代表公司协调与施工项目有关的内外部关系，有权处理现场突发事件，事后及时报公司主管部门。

二、项目经理部

工程项目经理部是为实现一个具体的工程项目目标而组建的协同工作团队，是具有高度凝聚力和团队精神的群体，也是工程项目组织的核心，更是实现项目目标的基本保障组织。项目经理部需要精心组织建设，在工程项目实施过程中不断发展、完善。

当企业签订工程项目合同，进入工程项目建设实施阶段时，企业会依据工程项目的性质和规模聘任项目经理，同时抽调或招聘相应的工程技术人员组成项目经理部。

（一）项目经理部的特点

1. 具有明确的目的性

项目经理部是为实现具体工程项目目标而设立的专门组织，其任务就是实现项目目标。因此项目经理部具有明确的目的性。

2. 项目经理部是非永久性组织

工程项目是一次性的任务，因此为完成工程项目组建的项目经理部也是一种非永久性的组织。当工程项目完成后，项目经理部的任务随之完成，即可解散。

3. 具有团队精神

项目经理部成员之间的相互平等、相互信任、相互合作是高效完成项目目标的前提和基础；项目管理任务的多元性要求项目经理部具有高度的凝聚力和团队精神。

4. 动态的组织

项目经理部成员的人数和人员结构是动态变化着的，随着工程项目的进展和任务的展开，也会对成员的人数及其专业结构作出相应的调整。

（二）项目经理部的职责

1. 项目经理部领导的职责

（1）实现项目经理部的目标。项目经理部的领导应通过以下职责保证项目目标得以实现：选择适当的人员；制订计划；召开项目经理部会议，对项目经理部的目标进行分解、细化；担负起代表整个项目经理部的责任。

（2）保证项目经理部的效率。确保所有成员明确各自的职责与任务，并尽职尽责完成；监督项目经理部工作，确保成员齐心协力，高效开展工作。

2. 项目经理部成员的职责

（1）项目经理部成员要明确自己的职责，要有责任感。

（2）项目经理部成员要做好本职工作，尽其所能地完成分配给自己的任务。

（3）为了使项目经理部能高效工作，将项目经理部职责放在第一位。

（三）项目经理部的形成

一个工程的项目经理部从建立到解体，具有一定的形成规律。根据组织行为学理论，项目经理部的成长过程可划分为初期建立阶段、试运作阶段、正常运作阶段、高效运作阶段和末期解散阶段。

（四）工程项目经理部的建设

高效能项目经理部的标志：项目经理部成员有着共同的价值观和明确的共同目标，具有完成项目目标所需的基本能力和素质，相互尊重、相互信任，人际关系融洽。能够共享知识、经验和信息，愿意采纳外界意见，对项目工作富有激情和信心，齐心协力，默契合作，共同完成项目目标。高效能的项目经理部需要精心建设才能形成，需要进行大量的工作，其基本工作如下：员工培训，明确项目经理部成员的工作职责，建立健全沟通与激励机制等。

第五节　建造师职业资格制度

建造师执业资格制度于1834年起源于英国，如今世界上许多国家已经建立了这项制度。在我国从事建设工程项目总承包和施工管理的广大专业技术人员中，特别是在施工项目经理队伍中，建立建造师执业资格制度是非常必要的。

2002年12月5日，原人事部、原建设部联合印发了《建造师执业资格制度暂行规定》（人发〔2002〕111号），这标志着我国建造师执业资格制度正式建立。该规定明确指出，我国的建造师是指从事建设工程项目总承包和施工管理关键岗位的专业技术人员，分为一级建造师和二级建造师。这项制度的建立，必将促进我国工程项目管理人员素质和管理水平的提高，促进我们进一步开拓国际建筑市场。

一、建造师职业资格证书

一级建造师执业资格实行全国统一大纲、统一命题、统一组织的考试制度，由原人事部、原建设部共同组织实施，原则上每年举行一次考试；二级建造师执业资格实行全国统一大纲，各省、自治区、直辖市命题并组织的考试制度。考试内容分为综合知识与能力和专业知识与能力两部分。报考人员要符合有关文件规定的相应条件。一级二级建造师执业资格考试合格的人员，可分别获得中华人民共和国一级建造师执业资格证书和中华人民共和国二级建造师执业资格证书。取得建造师执业资格证书的人员，必须经过注册登记，才能以建造师的名义执业。

注册建造师只能在其注册专业范围内执业，一级注册建造师可担任其专业范围内所有规模等级的施工项目项目经理；二级建造师可担任中、小型施工项目项目经理。

二、注册建造师与项目经理的关系

建造师是一种专业人员的名称，而项目经理是一个工作岗位的名称。建造师与项目经理所从事的都是建设工程的管理，但执业范围不同。建造师执业的覆盖面较大，可涉及工程建设项目管理的许多方面，担任项目经理只是建造师执业中的一项，除此之外，还可以从事法律、行政法规或国务院建设行政主管部门规定的其他业务以及其他施工活动的管理工作；而项目经理则限于企业内某一特定工程的项目管理。建造师选择工作相对自由，可在社会市场上有序流动，有较大的活动空间；项目经理岗位则是企业设定的，项目经理是企业法人代表授权或聘用的、一次性的工程项目施工管理者。

我国在全面实施建造师执业资格制度后仍然要坚持落实项目经理岗位责任制。项目经理岗位是保证工程项目建设质量、安全、工期的重要岗位，要充分发挥有关行业协会的作用，加强项目经理培训，不断提高项目经理队伍素质。要加强对建筑业企业项目经理市场行为的监督管理，对发生重大工程质量安全事故或市场违法违规行为的项目经理，必须依法予以严肃处理。注册建造师资格是担任大中型工程项目经理的一个必要条件，是国家的强制性要求。小型工程项目的项目经理可以由不是建造师的人员担任。

第三章　建设工程项目施工成本管理

第一节　成本管理的任务与措施

一、施工成本管理的任务

施工成本是指在建设工程项目的施工过程中所发生的全部生产费用的总和，包括消耗的原材料，辅助材料，构配件等费用，周转材料的摊销费或租赁费，施工机械的使用费或租赁费，支付给生产工人的工资、奖金、工资性质的津贴等，以及进行施工组织与管理所发生的全部费用支出。建设工程项目施工成本由直接成本和间接成本组成。

直接成本是指施工过程中耗费的构成工程实体或有助于工程实体形成的各项费用支出，是可以直接计入工程对象的费用，包括人工费、材料费、施工机械使用费和施工措施费等。

间接成本是指为施工准备，组织和管理施工生产的全部费用的支出，是非直接用于也无法直接计入工程对象，但为进行工程施工必须发生的费用，包括管理人员工资、办公费、差旅交通费等。

施工成本管理就是要在保证工期和质量满足要求的情况下，采取包括组织措施、经济措施、技术措施、合同措施等相应的管理措施，把成本控制在计划范围内，并进一步最大限度地节约成本。

施工成本管理的任务和环节主要包括：施工成本预测、施工成本计划、施工成本控制、施工成本核算、施工成本分析、施工成本考核。

（一）施工成本预测

施工成本预测就是根据成本信息和施工项目的具体情况，运用一定的专门方法，对未来的成本水平及其可能的发展趋势作出科学的估计。成本预测是在工程施工以前对成本进行的估算。通过成本预测，可以在满足项目业主和本企业要求的前提下，选择成本低，效益好的最佳成本方案，并能够在施工项目成本形成过程中，针对薄弱环节，加强成本控制，克服盲目性，提高预见性。因此，施工成本预测是施工项目成本决策与计划的依据。

施工成本预测，通常是对施工项目计划工期内影响其成本变化的各个因素进行分析，比照近期已完工施工项目或将完工施工项目的成本（单位成本），预测这些因素对工程成本中有关项目（成本项目）的影响程度，预测出工程的单位成本或总成本。

（二）施工成本计划

施工成本计划是以货币形式编制施工项目在计划期内的生产费用，成本水平，成本降低率以及为降低成本所采取的主要措施和规划的书面方案，它是建立施工项目成本管理责任制，开展成本控制和核算的基础，是该项目降低成本的指导文件，是设立目标成本的依据。可以说，成本计划是目标成本的一种形式。

成本计划应在项目实施方案确定和不断优化的前提下进行编制，因为不同的实施方案将导致直接工程费、措施费和企业管理费的差异。成本计划的编制是施工成本预控的重要手段。因此，应在工程开工前编制完成，以便将计划成本目标分解落实，为各项成本的执行提供明确的目标，控制手段和管理措施。

（三）施工成本控制

施工成本控制是指在施工过程中，对影响施工成本的各种因素加强管理，并采取各种有效措施，将施工中实际发生的各种消耗和支出严格控制在成本计划范围内，随时揭示并及时反馈，严格审查各项费用是否符合标准，计算实际成本和计划成本之间的差异并进行分析，进而采取多种措施，消除施工中的浪费现象。

建设工程项目施工成本控制应贯穿于项目从投标阶段开始直至竣工验收的全过程，它是企业全面成本管理的重要环节。施工成本控制可分为事先控制、事中控制（过程控制）和事后控制。在项目的施工过程中，需按动态控制原理对实际施工成本的发生过程进行有效控制。（朱祥亮、漆玲玲，2019）

合同文件和成本计划是成本控制的目标，进度报告和工程变更与索赔资料是成本控制过程中的动态资料。

成本控制的程序体现了动态跟踪控制的原理。成本控制报告可以单独编制，也可以根据需要与进度，质量、安全和其他进展报告结合，提出综合进展报告。

（四）施工成本核算

施工成本核算包括两个基本环节：一是按照规定的成本开支范围对施工费用进行归集和分配，计算出施工费用的实际发生额；二是根据成本核算对象，采用适当的方法，计算出该施工项目的总成本和单位成本。

施工成本管理需要正确及时地核算施工过程中发生的各项费用，计算施工项目的实际成本。施工项目成本核算所提供的各种成本信息，是成本预测、成本计划、成本控制、成本分析和成本考核等各个环节的依据。

施工成本一般以单位工程为成本核算对象，但也可以按照承包工程项目的规模、工期、结构类型、施工组织和施工现场等情况，结合成本管理要求，灵活划分成本核算对象。

施工成本核算制是明确施工成本核算的原则、范围、程序、方法、内容、责任及要求的制度。项目管理必须实行施工成本核算制，它和项目经理责任制等共同构成了项目管理的运行机制。组织管理层与项目管理层的经济关系、管理责任关系、管理权限关系，以及项目管理组织所承担的责任成本核算的范围、核算业务流程和要求等，都应以制度的形式作出明确的规定。

项目经理部要建立一系列项目业务核算台账和施工成本会计账户，实施全过程的成本核算，具体可分为定期的成本核算和竣工工程成本核算，如每天、每周、每月的成本核算。定期的成本核算是竣工工程全面成本核算的基础。

形象进度、产值统计、实际成本归集三同步，即三者的取值范围应是一致的。形象进度表达的工程量，统计施工产值的工程量和实际成本归集所依据的工程量均应是相同的数值。对竣工工程的成本核算，应区分为竣工工程现场成本和竣工工程完全成本，分别由项目经理部和企业财务部门进行核算分析，其目的在于分别考核项目管理绩效和企业经营效益。

施工成本核算一般包括人工费核算、材料费核算、周转材料费核算、结构件费核算、机械使用费核算、措施费核算、分包工程成本核算、间接费核算、项目月度施工成本报告编制等内容。

（五）施工成本分析

施工成本分析是在施工成本核算的基础上，对成本的形成过程和影响成本升降的因素进行分析，以寻求进一步降低成本的途径，包括有利偏差的挖掘和不利偏差的纠正。施工成本分析贯穿于施工成本管理的全过程，是在成本的形成过程中，主要利用施工项目的成本核算资料（成本信息），与目标成本、预算成本以及类似的施工项目的实际成本等进行比较，了解成本的变动情况，同时也要分析主要技术经济指标对成本的影响，系统地研究成本变动的因素，检查成本计划的合理性，并通过成本分析，深入揭示成本变动的规律，寻找降低施工项目成本的途径，以便有效地进行成本控制。成本偏差的控制，分析是关键，纠偏是核心，要针对分析得出的偏差发生原因采取切实措施加以纠正。

成本偏差分为局部成本偏差和累计成本偏差。局部成本偏差包括项目的月度（或周、天等）核算成本偏差、专业核算成本偏差以及分部分项作业成本偏差等；累计成本偏差是指已完工程在某一时间点上实际总成本与相应的计划总成本的差异。分析成本偏差的原因，应采取定性和定量相结合的方法。

（六）施工成本考核

施工成本考核是指在施工项目完成后，对施工项目成本形成中的各责任者，按施工项目成本目标责任制的有关规定，将成本的实际指标与计划、定额、预算进行对比和考核，评定施工项目成本计划的完成情况和各责任者的业绩，并给予相应的奖励和处罚。通过成本考核，做到有奖有惩、赏罚分明，才能有效地调动每一位员工在各自施工岗位上努力完成目标成本的积极性，为降低施工项目成本和增加企业的积累作出自己的贡献。

施工成本考核是衡量成本降低的实际成果，也是对成本指标完成情况的总结和评价。成本考核制度包括考核的目的、时间、范围、对象、方式、依据、指标、组织领导、评价与奖惩原则等内容。

以施工成本降低额和施工成本降低率作为成本考核的主要指标，要加强组织管理层对项目管理部的指导，并充分依靠技术人员、管理人员和作业人员的经验和智慧，防止项目管理在企业内部异化为靠少数人承担风险的以包代管模式。成本考核也可分别考核组织管理层和项目经理部。

项目管理组织对项目经理部进行考核与奖惩时，要避免实际成本归集差错等的影响，使施工成本考核真正做到公平、公正、公开，在此基础上兑现施工成本管理责任制的奖惩或激励措施。

施工成本管理的每一个环节都是相互联系和相互作用的。成本预测是成本决策的前提，成本计划是成本决策所确定目标的具体化。成本计划控制则是对成本计划的实施进行控制和监督，保证决策的成本目标的实现；而成本核算又是对成本计划是否实现的最后检验，它所提供的成本信息又对下一个施工项目成本预测和决策提供基础资料。成本考核是实现成本目标责任制的保证和实现决策目标的重要手段。

二、施工成本管理的措施

为了取得施工成本管理的理想成效，应当从多方面采取措施实施管理，通常可以将这些措施归纳为组织措施、技术措施、经济措施、合同措施。

（一）组织措施

组织措施是从施工成本管理的组织方面采取的措施。施工成本控制是全员的活动，如实行项目经理责任制，落实施工成本管理的组织机构和人员，明确各级施工成本管理人员的任务和职能分工、权利和责任。施工成本管理不仅是专业成本管理人员的工作，各级项目管理人员都负有成本控制责任。

组织措施的另一方面是编制施工成本控制工作计划，确定合理详细的工作流程。要做好施工采购规划，通过生产要素的优化配置、合理使用、动态管理，有效控制实际成本；加强施工定额管理和施工任务单管理，控制活劳动和物化劳动的消耗；加强施工调度，避免因施工计划不周和盲目调度造成窝工损失、机械利用率降低、物料积压等而使施工成本增加。成本控制工作只有建立在科学管理的基础之上，具备合理的管理体制、完善的规章制度、稳定的作业秩序、完整准确的信息传递，才能取得成效。组织措施是其他各类措施的前提和保障，而且一般不需要增加什么费用，运用得当可以收到良好的效果。

（二）技术措施

技术措施不仅对解决施工成本管理过程中的技术问题是不可缺少的，而且对纠正施工成本管理目标偏差也有相当重要的作用。因此，运用技术纠偏措施的关键，一是要能提出多个不同的技术方案；二是要对不同的技术方案进行技术经济分析。

施工过程中降低成本的技术措施，包括进行技术经济分析，确定最佳的施工方案；结合施工方法，进行材料使用的比较和选择，在满足功能要求的前提下，通过代用、改变配合比，使用添加剂等方法降低材料消耗的费用；确定最合适的施工机械，设备使用方案。结合项目的施工组织设计及自然地理条件，降低材料的库存成本和运输成本；先进的施工技术的应用，新材料的运用，新开发机械设备的使用等。在实践中，也要避免仅从技术角度选定方案而忽视对其经济效果的分析论证。

（三）经济措施

经济措施是最易为人们所接受和采用的措施。管理人员应编制资金使用计划，确定、分解施工成本管理目标。对施工成本管理目标进行风险分析，并制定防范性对策。对各种支出，应认真做好资金的使用计划，并在施工中严格控制各项开支。及时准确地记录、收集、整理、核算实际发生的成本。对各种变更，及时做好增减账，及时落实业主签证，及时结算工程款。通过偏差分析和未完工程施工成本预测，可发现一些潜在的问题将引起未完工程施工成本增加，对这些问题应以主动控制为出发点，及时采取预防措施。由此可见，经济措施的运用绝不仅仅是财务人员的事情。

（四）合同措施

采用合同措施控制施工成本，应贯穿整个合同周期，包括从合同谈判开始到合同终结的全过程。首先，要选用合适的合同结构，对各种合同结构模式进行分析、比较，在合同谈判时，要争取选用适合于工程规模、性质和特点的合同结构模式。其次，在合同的条款中应仔细考虑一切影响成本和效益的因素，特别是潜在的风险因素。通过对引起成本变动的风险因素的识别和分析，采取必要的风险对策，如通过合理的方式，增加承担风险的个体数量，降低损失发生的比例，并最终使这些策略反映在合同的具体条款中。在合同执行期间，合同管理的措施既要密切关注对方合同执行的情况，以寻求合同索赔的机会，同时也要密切关注自己履行合同的情况，防止被对方索赔。

第二节　施工成本计划

一、施工成本计划的类型

对于一个施工项目而言，其成本计划是一个不断深化的过程。在这一过程的不同阶段形成深度和作用不同的成本计划，按其作用可分为三类。

（1）竞争性成本计划。即工程项目投标及签订合同阶段的估算成本计划。这类成本计划以招标文件中的合同条件、投标者须知、技术规程、设计图纸或工程量清单等为依据，以有关价格条件说明为基础，结合调研和现场考察获得的情况，根据本企业的工料消耗标准、水平、价格资料和费用指标，对本企业完成招标工程所需要支出的全部费用的估算。在投标报价过程中，虽也着力考虑降低成本的途径和措施，但总体上较为粗略。

（2）指导性成本计划。即选派项目经理阶段的预算成本计划，是项目经理的责任成本目标。它以合同标书为依据，按照企业的预算定额标准制订设计预算成本计划，且一般情况下只是确定责任总成本指标。

（3）实施性成本计划。即项目施工准备阶段的施工预算成本计划，它是以项目实施方案为依据，以落实项目经理责任目标为出发点，采用企业的施工定额，通过施工预算的编制而形成的实施性施工成本计划。

以上三类成本计划互相衔接和不断深化，构成了整个工程施工成本的计划过程。其中，竞争性成本计划带有成本战略的性质，是项目投标阶段商务标书的基础，而有竞争力的商务标书又是以其先进合理的技术标书为支撑的。因此，它奠定了施工成本的基本框架和水平。指导性成本计划和实施性成本计划，都是战略性成本计划的进一步展开和深化，是对战略性成本计划的战术安排。此外，根据项目管理的需要，成本计划又可按施工成本组成、项目组成、工程进度分别编制施工成本计划。

二、施工成本计划的编制依据

施工成本计划是施工项目成本控制的一个重要环节，是实现降低施工成本任务的指导性文件。

编制施工成本计划，需要广泛收集相关资料并进行整理，作为施工成本计划编制的依据。在此基础上，根据有关设计文件、工程承包合同、施工组织设计、施工成本预测资料等，按照施工项目应投入的生产要素，结合各种因素的变化和拟采取的各种措施，估算施工项目生产费用支出的总水平，进而提出施工项目的成本计划控制指标，确定目标总成本。目标总成本确定后，应将总目标分解落实到各个机构、班组，以及便于进行控制的子项目或工序。最后，通过综合平衡，编制完成施工成本计划。

施工成本计划的编制依据包括：

（1）投标报价文件。

（2）企业定额、施工预算。

（3）施工组织设计或施工方案。

（4）人工、材料、机械台班的市场价。

（5）企业颁布的材料指导价，企业内部机械台班价格、劳动力内部挂牌价格。

（6）周转设备内部租赁价格，摊销损耗标准。

（7）已签订的工程合同、分包合同（或估价书）。

（8）结构件外加工计划和合同。

（9）有关财务成本核算制度和财务历史资料。

（10）施工成本预测资料。

（11）拟采取的降低施工成本的措施。

（12）其他相关资料。

三、施工成本计划编制的具体内容

（1）编制说明。指对工程的范围、投标竞争过程及合同条件，承包人对项目经理提出的责任成本目标、施工成本计划编制的指导思想和依据等的具体说明。

（2）施工成本计划的指标。施工成本计划的指标应经过科学的分析预测确定，可以采用对比法，因素分析法等方法来进行测定。施工成本计划一般情况下有以下三类指标：①成本计划的数量指标，如按子项目汇总的工程项目计划总成本指标；按分部汇总的各单位工程（或子项目）计划成本指标；按人工、材料、机械等汇总的各主要生产要素计划成本指标。②成本计划的质量指标，如施工项目总成本降低率，可采用以下方法得到：设计预算成本计划降低率 = 设计预算总成本计划降低额 / 设计预算总成本；责任目标成本计划降低率 = 责任目标总成本计划降低额 / 责任目标总成本。③成本计划的效益指标，如工程项目成本降低额可通过以下方式获得：设计预算成本计划降低额 = 设计预算总成本－计划总成本；责任目标成本计划降低额 = 责任目标总成本－计划总成本。

（3）按工程量清单列出的单位工程计划成本汇总表。

（4）按成本性质划分的单位工程成本汇总表。

根据工程清单项目的造价分析，分别对人工费、材料费、机械费、措施费、企业管理费和税费进行汇总，形成单位工程成本计划表。

第三节　工程变更价款

一、工程变更的确定

由于建设工程项目建设的周期长，涉及的关系复杂，受自然条件和客观因素的影响大，导致项目的实际施工情况与招标投标时的情况相比往往会有一些变化，出现工程变更。工程变更包括工程量变更、工程项目变更（如发包人提出增加或者删减原项目内容）、进度计划变更、施工条件变更等。如果按照变更的起因划分，变更的种类有很多，如发包人的变更指令（包括发包人对工程有了新的要求、发包人修改项目计划、发包人削减预算、发包人对项目进度有了新的要求等）；由于设计错误，必须对设计图纸进行修改；工程环境变化；由于产生了新的技术和知识，有必要改变原设计、实施方案或实施计划；法律法规或者政府对建设工程项目有了新的要求，等等。

（一）《建设工程施工合同（示范文本）》条件下的工程变更

1. 发包人对原设计进行变更

施工中发包人如果需要对原工程设计进行变更，应提前 14 天以书面形式向承包人发出变更通知。承包人对于发包人的变更通知没有拒绝的权利，这是合同赋予发包人的一项权利。因为发包人是工程的出资人，所有人和管理者，对将来工程的运行承担主要责任，只有赋予发包人这样的权利才能减少更大的损失。但是，变更超过原设计标准或批准的建设规模时，发包人应报规划管理部门和其他有关部门重新审查批准，并由原设计单位提供变更的相应图纸和说明。承包人按照工程师发出的变更通知及有关要求变更。

2. 承包人原因对原设计进行变更

施工中承包人不得为了施工方便而要求对原工程设计进行变更，承包人应当严格按照图纸施工，不得随意变更设计。施工中承包人提出的合理化建议涉及对设计图纸或者施工组织设计的更改及对原材料、设备的更换，须经工程师同意。工程师同意变更后，也须经原规划管理部门和其他有关部门审查批准，并由原设计单位提供变更的相应图纸和说明。

未经工程师同意承包人擅自更改或换用，承包人应承担由此发生的费用，并赔偿发包人的有关损失，延误的工期不予顺延。工程师同意采用承包人的合理化建议，所发生的费用和获得收益的分担或分享，由发包人和承包人另行约定。

3. 其他变更

从合同角度看，除设计变更外，其他能够导致合同内容变更的都属于其他变更。如双方对工程质量要求的变化（如涉及强制性标准的变化）、双方对工期要求的变化、施工条件和环境的变化导致施工机械和材料的变化等。这些变更的程序，应当由一方提出，与对方协商一致后，方可进行变更。

（二）FIDIC 施工合同条件下的工程变更

1. 工程变更权

在颁发工程接收证书前的任何时间，工程师可通过发布指示或要求承包人提交建议书的方式提出变更。承包人应遵守并执行每项变更，除非承包人立即向工程师发出通知，说明（附详细根据）承包人难以取得变更所需的货物。工程师接到此类通知后，应取消、确认或改变原指示。每项变更可包括：①合同中包括的任何工作内容的数量的改变（但此类改变不一定构成变更）。②任何工作内容的质量或其他特性的改变。③任何部分工程的标高，位置和（或）尺寸的改变。④任何工作的删减，但要交他人实施的工作除外。⑤永久工程所需的任何附加工作、生产设备，材料或服务，包括任何有关的竣工试验、钻孔、其他试验和勘探工作。⑥实施工程的顺序或时间安排的改变。

除非工程师指示或批准了变更，承包人不得对永久工程作任何改变和修改。

2. 工程变更程序

如果工程师在发出变更指示前要求承包人提出一份建议书，承包人应尽快作出书面回应，或提出他不能照办的理由（如果情况如此），或提交以下材料：对建议要完成的工作的说明，以及实施的进度计划；根据进度计划和竣工时间的要求，承包人对进度计划做出必要修改的建议书；承包人对变更估价的建议书。

工程师收到此类建议书后应尽快给予批准、不批准或提出意见的回复。在等待答复期间，承包人不应延误任何工作。应由工程师向承包人发出执行每项变更并附做好各项费用记录的任何要求的指示，承包人应确认收到该指示。

（三）《建设工程监理规范》规定的工程变更程序

《建设工程监理规范》规定，项目监理机构应按下列程序处理工程变更：

（1）设计单位对原设计存在的缺陷提出的工程变更，应编制设计变更文件；建设单位或承包单位提出的工程变更，应提交总监理工程师，由总监理工程师组织专业监理工程师审查。审查同意后，应由建设单位转交原设计单位编制设计变更文件。当工程变更涉及安全、环保等内容时，应按规定经有关部门审定。

（2）项目监理机构应了解实际情况和收集与工程变更有关的资料。

（3）总监理工程师必须根据实际情况，设计变更文件和其他有关资料，按照施工合同的有关款项，在指定专业监理工程师完成下列工作后，对工程变更的费用和工期影响作出评估：确定工程变更项目与原工程项目之间的类似程度和难易程度；确定工程变更项目的工程量；确定工程变更的单价或总价。

（4）总监理工程师应就工程变更费用及工期的评估情况与承包人和发包人进行协调。

（5）总监理工程师签发工程变更单。工程变更单应包括工程变更要求、工程变更说明、工程变更费用和工期、必要的附件等内容，有设计变更文件的工程变更应附设计变更文件。

（6）项目监理机构根据批准的项目变更单监督承包人实施工程变更。

在发包人和承包人未能就工程变更的费用等方面达成协议时，项目监理机构应提出一个暂定的价格，作为临时支付工程款的依据。该工程款最终结算时，应以发包人和承包人达成的协议为依据。在总监理工程师签发工程变更单之前，承包人不得实施工程变更。未经总监理工程师审查同意而实施的工程变更，项目监理机构不得予以计量。

二、工程变更价款的确定方法

（一）《建设工程施工合同（示范文本）》约定的工程变更价款的确定方法

在工程变更确定后 14 天内，设计变更涉及工程价款调整的，由承包人向发包人提出，经发包人审核同意后调整合同价款。变更合同价款按照下列方法进行：

（1）合同中已有适用于变更工程的价格，按合同已有的价格变更合同价款。

（2）合同中只有类似于变更工程的价格，可以参照类似价格变更合同价款。

（3）合同中没有适用或类似于变更工程的价格，由承包人或发包人提出适当的变更价格，经对方确认后执行。（刘广文，2011）

如双方不能达成一致意见，双方可提请工程所在地工程造价管理机构进行咨询或按合同约定的争议或纠纷解决程序办理。因此，在变更后合同价款的确定上，首先应当考虑使用合同中已有的，能够适用或者能够参照适用的，其原因在于在合同中已经订立的价格（一般是通过招标投标）是较为公平合理的，因此应当尽量采用。

采用合同中工程量清单的单价或价格有几种情况：一是直接套用，即从工程量清单上直接拿来使用；二是间接套用，即依据工程量清单，通过换算后采用；三是部分套用，即依据工程量清单，取其价格中的某一部分使用。

（二）FIDIC 施工合同条件下工程变更价款的确定方法

在以下情况下宜对有关工作内容采用新的费率或价格。

第一种情况：①如果此项工作实际测量的工程量比工程量表或其他报表中规定的工程量的变动大于 10%。②工程量的变化与该项工作规定的费率的乘积超过了中标的合同金额的 0.01%。③此工程量的变化直接造成该项工作单位成本的变动超过 1%。④此项工作不是合同中规定的“固定费率项目”。

第二种情况：①此工作是根据变更与调整的指示进行的。②合同没有规定此项工作的费率或价格。③由于该项工作与合同中的任何工作没有类似的性质或不在类似的条件下进行，故没有一个规定的费率或价格适用。

每种新的费率或价格应考虑以上描述的有关事项对合同中相关费率或价格加以合理调整后得出。如果没有相关的费率或价格可供推算新的费率或价格，应根据实施该工作的合理成本和合理利润，并考虑其他相关事项后得出。工程师应在商定或确定适宜费率或价格前，确定用于其中付款证书的临时费率或价格。

（三）《建设工程工程量清单计价规范》规定的工程变更价款的确定方法

合同中综合单价因工程量变更需调整时，除合同另有约定外，应按照下列办法确定。

（1）工程量清单漏项或设计变更引起的新的工程量清单项目，其相应综合单价由承包人提出，经发包人确认后作为结算的依据。

（2）由于工程量清单的工程数量有误或设计变更引起工程量增减，属合同约定幅度以内的，应执行原有的综合单价；属合同约定幅度以外的，其增加部分的工程量或减少后剩余部分的工程量的综合单价由承包人提出，经发包人确认后作为结算的依据。

第四节　施工成本控制

施工项目的成本控制，通常是指在项目成本的形成过程中，对生产经营所消耗的人力资源、物质资源和费用开支，进行指导、监督、调节和限制，及时纠正将要发生和已经发生的偏差，把各项生产费用控制在计划成本的范围之内，以保证成本目标的实现。施工项目成本控制的目的在于降低项目成本，提高经济效益。

一、施工成本控制的类型

（一）施工准备阶段的成本控制

项目经理部首先以中标“标书”为依据确定项目的目标成本。根据设计图纸和有关技术资料，对项目的特点和实施方法等进行认真的研究分析，并运用价值工程原理，制订出科学先进、经济合理的施工方案。其次，根据目标成本，以分部分项工程实物工程量为基础，编制具体的分步实施的项目成本计划，为今后的成本控制做好准备。最后编制现场经费预算，进行分解后以责任成本的形式落实下去，为今后的成本控制和绩效考评提供依据。

（二）施工实施期间的成本控制

强化施工任务单和限额领料单的管理。首先，对实耗人工、实耗材料进行计量，为成本控制提供真实可靠的数据。其次，将施工任务单和限额领料单的结算资料与施工预算进行核对，计算分部分项工程的成本差异并分析原因，采取有效的纠偏措施。

做好月度成本原始资料的收集和整理，正确计算月度成本，分析月度预算成本与实际成本的差异。对于盈亏比例异常的分项进行重点分析并查明原因，尽快加以纠正。在月度成本核算的基础上，进行责任成本的核算。即重新按责任部门或责任者归集成本费用，并与责任成本进行分析对比。

经常检查对外经济合同的履约情况。对项目部垫付分包单位的各项费用（试验费、水电费等）要注意办理结算。定期组织检查成本控制情况。发现成本差异偏高或偏低的情况，会同责任部门或责任者分析原因，找出产生差异的原因，并督促他们采取相应的对策来纠正差异。

（三）竣工验收阶段的成本控制

重视竣工验收工作，及时办理工程结算，使工程项目顺利交付使用。有些工程一到竣工收尾阶段，就把主要施工力量抽调到其他在建工程，造成收尾工作拖拉，使施工阶段取得的经济效益逐步流失。有些按实结算的经济业务，往往在工程结算时容易遗漏。

二、施工成本控制的依据

施工成本控制的依据包括以下内容：

（1）工程承包合同。施工成本控制要以工程承包合同为依据，围绕降低工程成本这个目标，从预算收入和实际成本两方面，努力挖掘增收节支潜力，以求获得最大的经济效益。

（2）施工成本计划。施工成本计划是根据施工项目的具体情况制定的施工成本控制方案，既包括预定的具体成本控制目标，又包括实现控制目标的措施和规划，是施工成本控制的指导性文件。

（3）进度报告。进度报告提供了每一时刻工程实际完成量，工程施工成本实际支付情况以及实际收到工程款情况等重要信息。施工成本控制工作正是通过实际情况与施工成本计划相比较，找出二者之间的差别，分析偏差产生的原因，从而采取措施改进以后的工作。此外，进度报告还有助于管理者及时发现工程实施中存在的隐患，并在事态还未造成重大损失之前采取有效措施，尽量避免损失。

（4）工程变更。在项目的实施过程中，由于各方面的原因，工程变更是很难避免的。工程变更一般包括设计变更、进度计划变更、施工条件变更、技术规范与标准变更、施工次序变更、工程数量变更等。一旦出现变更，工程量、工期、成本都必将发生变化，从而使得施工成本控制工作变得更为复杂和困难。因此，施工成本管理人员就应当通过对变更要求当中各类数据的计算、分析，随时掌握变更情况，包括已发生工程量、将要发生工程量、工期是否拖延、支付情况等重要信息，判断变更以及变更可能带来的索赔额度等。

除了上述几种施工成本控制工作的主要依据以外，有关施工组织设计，分包合同文本等也都是施工成本控制的依据。

三、施工成本控制的要求

施工成本控制的要求有：

（1）要按照计划成本目标值来控制生产要素的采购价格，并认真做好材料、设备进场数量和质量的检查、验收与保管。

（2）要控制生产要素的利用效率和消耗定额。如任务单管理、限额领料、验收报告审核等，同时要做好不可预见成本风险的分析和预控，包括编制相应的应急措施等。

（3）控制影响效率和消耗量的其他因素（如工程变更等）所引起的成本增加。

（4）把施工成本管理责任制度与对项目管理者的激励机制结合起来，以增强管理人员的成本意识和控制能力。

（5）承包人必须有一套健全的项目财务管理制度。按规定的权限和程序对项目资金的使用和费用的结算支付进行审核、审批，使其成为施工成本控制的一个重要手段。

（6）项目成本控制不仅需要进行内部挖潜，也要积极向外拓展，从增收的角度考虑降低成本的途径。

第一，认真会审图纸，积极提出修改意见。在项目建设过程中，图纸是由设计单位按照业主要求和项目所在地的自然地理条件设计的，较少从施工单位的角度考虑。因此，施工单位应该在满足业主要求和保证工程质量的前提下，联系项目施工的主客观条件，对设计图纸进行认真的会审，并提出积极的修改意见，在取得业主和设计单位的同意后，修改设计图纸，同时办理签证。

第二，加强合同预算管理，及时办理“签证”。一般来说，按照设计图纸和预算定额编制的综合单价，必须受预算定额的制约。由于各个方面的种种原因，工程变更是项目施工过程中经常发生的事情，从而也必定会影响成本费用的支出。工程变更后必定对施工组织带来种种影响，应及时办理签证，并通过工程款结算从甲方取得补偿。

第三，组织均衡施工，加快施工进度。凡是按时间计算的成本费用，在加快施工进度、缩短施工周期的情况下，都会有明显的节约。因此，加快施工进度也是降低项目成本的有效途径之一。

为了加快施工进度，也会增加一定的成本支出。如在组织两班制施工的时候，需要增加模板的使用费、夜间施工的照明费和工效损失等费用。

因此，在签订合同时，应根据业主要求和赶工情况，将赶工费列入施工预算。如果事先并未明确，而由业主在施工中临时提出的赶工要求，则应请业主签证，费用按实结算。

项目成本控制能否取得预期目标的关键还在于项目施工成本管理体制和项目部在成本控制意识与措施正确性和合理性。项目经理部的专职人员要具备综合知识与专业素养，要学会全面综合整体地观察问题，要结合工程特点、技术要求、地理条件等因素进行查漏补缺，避免错算、漏算，不能简单地确定一个成本率或成本额。否则，可能造成企业应得的利润流失，使项目部不能完成目标。从而导致牺牲其他利益来片面地满足效益，使工程质量，安全与文明施工等各方面产生问题，甚至会对企业今后的生存产生较大的影响。

第五节　施工成本分析与质量成本分析

一、施工成本分析的依据

施工成本分析，就是根据会计核算、业务核算和统计核算提供的资料，对施工成本的形成过程和影响成本升降的因素进行分析，以寻求进一步降低成本的途径；另一方面，通过成本分析，可从账簿、报表反映的成本现象看清成本的实质，从而增强项目成本的透明度和可控性，为加强成本控制，实现项目成本目标创造条件。

（一）会计核算

会计核算主要是价值核算。会计是对一定单位的经济业务进行计量、记录、分析和检查作出预测，参与决策，实行监督，旨在实现最优经济效益的一种管理活动。它通过设置账户、复式记账、填制和审核凭证、登记账簿、成本计算、财产清查和编制会计报表等一系列有组织有系统的方法，来记录企业的一切生产经营活动，然后据以提出一些用货币来反映的有关各种综合性经济指标的数据。资产、负债、所有者权益、营业收入、成本、利润等会计六要素指标，主要是通过会计来核算。至于其他指标，会计核算的记录中也是可以有所反映的，但在反映的广度和深度上有很大的局限性，一般不用会计核算来反映。由于会计记录具有连续性、系统性、综合性等特点，所以它是施工成本分析的重要依据。

（二）业务核算

业务核算是各业务部门根据业务工作的需要而建立的核算制度，它包括原始记录和计算登记表，如单位工程及分部分项工程进度登记，质量登记，工效、定额计算登记，物资消耗定额记录，测试记录等。业务核算的范围比会计、统计核算要广，会计和统计核算一般是对已经发生的经济活动进行核算，而业务核算，不但可以对已经发生的，而且还可以对尚未发生或正在发生的或尚在构思中的经济活动进行核算，看是否可以做，是否有经济效果。它的特点是，对个别的经济业务进行单项核算。只是记载单一的事项，最多是略有整理或稍加归类，不求提供综合性、总括性指标。核算范围不太固定，方法也很灵活，不像会计核算和统计核算那样有一套特定的系统的方法。例如，各种技术措施、新工艺等项目，可以核算已经完成的项目是否达到原定的目的，取得预期的效果，也可以对准备采取措施的项目进行核算和审查，看是否有效果，值不值得采纳，随时都可以进行。业务核算的目的，在于迅速取得资料，在经济活动中及时采取措施进行调整。

（三）统计核算

统计核算是利用会计核算资料和业务核算资料，把企业生产经营活动客观现状的大量数据，按统计方法加以系统整理，表明其规律性。它的计量尺度比会计宽，可以用货币计算，也可以用实物或劳动量计量。它通过全面调查和抽样调查等特有的方法，不仅能提供绝对数指标，还能提供相对数和平均数指标，可以计算当前的实际水平，确定变动速度，可以预测发展的趋势。统计除了主要研究大量的经济现象以外，也很重视个别先进事例与典型事例的研究。有时，为了使研究的对象更有典型性和代表性，还把一些偶然性的因素或次要的枝节问题予以剔除；为了对主要问题进行深入分析，不一定要求对企业的全部经济活动作出完整、全面、时序的反映。

二、施工成本分析的方法

施工成本分析的基本方法包括比较法、因素分析法、差额计算法、比率法等基本方法。

1. 比较法

又称“指标对比分析法”。就是通过技术经济指标的对比，检查目标的完成情况，分析产生差异的原因，进而挖掘内部潜力的方法。这种方法，具有通俗易懂、简单易行、便于掌握的特点，因而得到了广泛的应用，但在应用时必须注意各技术经济指标的可比性。

比较法的应用，通常有下列形式：

（1）将实际指标与目标指标对比。以此检查目标完成情况，分析影响目标完成的积极因素和消极因素，以便及时采取措施，保证成本目标的实现。在进行实际指标与目标指标对比时，还应注意目标本身有无问题。如果目标本身出现问题，则应调整目标，重新正确评价实际工作的成绩。

（2）本期实际指标与上期实际指标对比。通过这种对比，可以看出各项技术经济指标的变动情况，反映施工管理水平的提高程度。

（3）与本行业平均水平，先进水平对比。通过这种对比，可以反映本项目的技术管理和经济管理与行业的平均水平和先进水平的差距，进而采取措施赶超先进水平。

2. 因素分析法

因素分析法又称“连环置换法”。这种方法可用来分析各种因素对成本的影响程度。在进行分析时，首先要假定众多因素中的一个因素发生了变化，而其他因素则不变，然后逐个替换，分别比较其计算结果，以确定各个因素的变化对成本的影响程度。因素分析法的计算步骤如下：

（1）确定分析对象，并计算出实际数与目标数的差异。

（2）确定该指标是由哪几个因素组成的，并按其相互关系进行排序。

（3）以目标数为基础，将各因素的目标数相乘，作为分析替代的基数。

（4）将各个因素的实际数按照上面的排列顺序进行替换计算，并将替换后的实际数保留下来。

（5）将每次替换计算所得的结果，与前一次的计算结果相比较，两者的差异即为该因素对成本的影响程度。

（6）各个因素的影响程度之和，应与分析对象的总差异相等。

3. 差额计算法

差额计算法是因素分析法的一种简化形式，它利用各个因素的目标值与实际值的差额来计算其对成本的影响程度。

4. 比率法

比率法是指用两个以上指标的比例进行分析的方法。它的基本特点是先把对比分析的数值变成相对数，再观察其相互之间的关系。常用的比率法有以下几种。

（1）相关比率法。由于项目经济活动的各个方面是相互联系，相互依存又相互影响的，因而可以将两个性质不同而又相关的指标加以对比，求出比率，并以此来考察经营成果的好坏。例如，产值和工资是两个不同的概念，但它们的关系又是投入与产出的关系。在一般情况下，都希望以最少的工资支出完成最大的产值。因此，用产值工资率指标来考核人工费的支出水平，就很能说明问题。

（2）构成比率法。又称比重分析法或结构对比分析法。通过构成比率，可以考察成本总量的构成情况及各成本项目占成本总量的比重，同时也可看出量、本、利的比例关系（即预算成本、实际成本和降低成本的比例关系），从而为寻求降低成本的途径指明方向。

（3）动态比率法。动态比率法，就是将同类指标不同时期的数值进行对比，求出比率，以分析该项指标的发展方向和发展速度。动态比率的计算，通常采用基期指数和环比指数两种方法。

三、施工质量成本的基本内容

建筑产品的制造是一个综合性很强的生产过程，它集中了各部门的科学技术成果，其产品质量则是一个国家经济、技术和管理基础的综合反映。

（一）质量成本的基本概念

所谓质量成本是指为了保证和提供建筑产品质量而进行的质量管理活动所花费的费用或者说与质量管理职能有关的成本。

质量成本由内部故障成本、外部故障成本、预防成本、鉴定成本四部分组成。

（1）内部故障成本。内部故障成本即为使建筑材料经过合理技术组合形成建筑产品的过程中发生的一切费用。其内容包括：①施工质量成本。指在施工过程中由于各种原因所引起的缺陷和为处理缺陷而发生的费用。其内容包括：分部分项废品损失；返修品工料费和复检费用；停工损失；事故分析处理费用等。②建后服务成本。指业主在建筑产品使用过程中发现质量缺陷而产生的一切费用。其内容包括：由于建筑产品安全性能问题或质量责任分歧造成的诉讼费；由于建筑产品质量问题造成业主损失而支付的赔偿费；在质量保证期内的修理费；事故分析费等。

（2）外部故障成本。外部故障成本即为建筑产品所配套的机、电、水、管、消防、空调、通风、门窗、燃气、通讯、楼宇控制系统等设备在保证建筑产品安全性能方面所发生的一切费用。其内容包括诉讼费用、赔偿费用、维修费用、事故分析费用、保险费等。

（3）预防成本。预防成本是使建筑产品故障减少到最小而发生的一切费用。其内容包括：①质量计划工作费用。指企业为制订质量计划而发生的人员工资、文件费和办公费等。②质量控制管理费用。指质保人员工资、资料费以及控制设备的核准、维修费用和材料消耗费用等。③质量情报工作费用。指质量信息人员工资费、信息费、信息跟踪费、资料费等。④质量教育、培训、奖励费用。指教员和学员工资、讲课费、资料费、学员外出培训学费、租用场所和设施费，以及质量奖励等费用。⑤设计更改费用。指企业为施工项目发生设计变更和受监理工程师指令更改影响造成的原实施方案、防止质量事故、试验计划等一系列变更而发生的有关人员工资费用以及资料费和会议经费等。⑥质量公关费用。指企业为施工项目质量接受第三方及业主的评审（比）或竣工交验，进度检验等原因进行公关活动所产生的人员招待费、礼金（品）费用等。⑦处罚费用。因违反国家及地方规章管理规定而发生的罚款。

（4）鉴定成本。建筑产品是综合性强且要求高的产品，每个分部分项必须经检验合格方能转入下一道工序继续施工，所以建筑产品的鉴定成本是指原材料进场检验，各分部分项和建筑产品全面完工后的验收和为进行质量鉴定而发生的一切费用，其内容包括：①原材料和外购件检验费用。指企业对所使用的材料和外购件进行检查、试验所发生的费用。②施工过程中的检验费用。指企业在施工过程中对各分部分项质量进行验收时所发生的人工费用和材料消耗费用。③工程移交费用。指建筑产品移交业主使用前进行性能检测和系统试验所发生的一切费用。

（二）质量成本核算

质量成本核算是现代化管理的产物，也是全面质量管理的重要内容之一。

1. 质量成本核算方法

质量成本核算方法基本与成本核算相同。财务部门根据会计凭证和质量成本记账凭证簿等有关资料，建立质量成本台账，逐月进行汇总，并将汇总报告告知质量管理部门和统计部门，以便使他们了解质量保证活动资金的使用情况和使用效果。（朱祥亮、漆玲玲，2019）

2. 质量成本核算原则

进行有效的质量成本核算必须本着以下几个方面的原则：

（1）由质量管理部门牵头，分级管理，财务部门具体核算出综合反映质量成本的最终结果，在核算过程中，质量管理部门必须根据本企业具体情况不断地调整部门之间的分工，修订《企业质量成本管理办法》，使部门之间的联系更加合理，管理更加科学。

（2）质量成本核算、数据记录必须真实可靠。其原始凭证和报表本着实事求是的原则进行归集和整理，唯有那些精心收集、准确无误的数据才能产生有效可靠的信息。

（3）确立质量成本经济性的思想原则，为了使建筑产品既满足《规范》和业主的需要，又能使质量成本最低，这就需要选定最佳质量水平，即考虑成本与质量保证值之间的最佳平衡。降低质量成本并不意味着降低对建筑产品的要求。

（4）严格报告质量成本责任制，使各部门和个人的责任进一步明确，做到事事有人管，人人有职责，办事有标准，从而便于质量的考核。

3. 质量成本统计核算的内容

施工企业的建筑产品特点是品种多、批量小、周期长、协作配套广、原材料消耗多、资金占用高。由于这些特点，使得质量成本的核算方法和内容与其他行业相比有所差异。施工企业一般应以单项工程进行质量成本归集，这样便于核算和分析。

施工企业在进行质量成本核算前，首先应根据本企业历史资料和建筑产品结构编制质量成本计划，确定质量成本的最佳水平，并按质量成本项目进行分解，在内部成本、外部成本、预防成本和鉴定成本中，故障成本（内部故障成本与外部故障成本合并）占总质量成本的比重最大，其中施工质量成本发生额更为突出，所以施工企业要重点抓好内部故障成本的统计、核算和分析工作。质量成本的统计核算内容如下：

（1）施工质量成本统计。项目部根据各班组实际发生的质量成本原始凭单，逐月进行统计汇总，并加盖“质量成本”印章，统计表由质量保证部进行核证，项目统计明细表。

项目部统计表原则上按单项工程进行统计，这样便于归集和计算可比建筑产品质量成本降低率。施工企业建后质量服务成本发生一般较少，如该成本呈上升趋势，那将会严重影响企业信誉，影响已经取得的经营市场，所以，施工必须密切注意建后质量服务成本的发展动向。

（2）建后质量服务成本统计。建后质量服务成本一般由经营部门或建后服务部门统计。施工企业外部损失成本不是每月都发生的，但如果外部损失成本呈上升趋势，那将会严重影响施工企业信誉，影响企业开拓市场。所以，施工企业要必须密切注意外部损失成本的发展动向。

（3）外部损失成本统计。一般由设备材料部、经营部统计。

（4）预防成本统计。在一般情况下预防成本只占质量总成本的10%左右，它与内部故障成本和外部故障成本相比属于不可避免成本。尽管发生额较小，但对内部成本和外部成本发生额的控制却能够起到积极作用。预防成本由质量保证部、工程技术部、经营部逐月统计。

（5）鉴定成本。鉴定成本一般由质量保证部和工程技术部统计。

（6）质量成本报告。各项目部和有关部门根据原始资料填写了以上报告后，财务部据此进行核算统计，并汇总填写当月质量成本总报表。

（三）质量成本分析

质量成本分析是质量核算的深入，也是质量成本管理的重要一环。通过质量成本分析可得到必要的信息，从而为调整，确定质量成本中各项费用的投入，达到既定质量目标提供可靠依据。

质量成本分析，即根据质量成本核算的资料进行归纳、比较和分析，共包括四个分析内容：

（1）质量成本总额的构成内容分析。

（2）质量成本总额的构成比例分析。

（3）质量成本各要素之间的比例关系分析。

（4）质量成本占预算成本的比例分析。

（四）质量成本指数

为了便于比较，除核算分析质量成本各项费用发生额外，还要计算质量指数。所谓质量指数，就是质量与某种基数之比。指数是一种尺度，长期计算下去，能够从整体上看出质量成本的发展动向和趋势。比较基数要视行业和各施工企业具体情况而定。

一般建筑业常用的基数有：

（1）直接施工人工小时。

（2）直接施工人工成本。

（3）产值。

（4）实际施工成本或预算成本。

计算出质量指数后，还应结合历史资料进行对比和趋势分析，以把握质量成本的发展方向。对与计划指标和同期实际背离较大的项目，质量管理部门必须进一步深入实际，调查情况，分析原因，落实措施，协调指挥好全企业的质量活动。力求质量成本下降，并促使建筑产品质量的进一步提高。

第六节　建筑安装工程费用的结算

一、建筑安装工程费用的结算方法

建筑安装工程费用的结算可以根据不同情况采取多种方式。

（1）按月结算。即先预付部分工程款，在施工过程中按月结算工程进度款，竣工后进行竣工结算。

（2）竣工后一次结算。建设工程项目或单项工程全部建筑安装工程建设期在12个月以内，或者工程承包合同价值在100万元以下的，可以实行工程价款每月月中预支，竣工后一次结算。

（3）分段结算。即当年开工，当年不能竣工的单项工程或单位工程按照工程形象进度，划分不同阶段进行结算。分段结算可以按月预支工程款。

（4）结算双方约定的其他结算方式。实行竣工后一次结算和分段结算的工程，当年结算的工程款应与分年度的工作量一致，年终不另清算。

二、工程预付款

（一）工程预付款的概念

工程预付款是建设工程施工合同订立后由发包人按照合同约定，在正式开工前预先支付给承包人的工程款。它是施工准备和所需要材料、结构件等流动资金的主要来源，我国习惯上又称为预付备料款。工程预付款的具体事宜由发、承包双方根据建设行政主管部门的规定，结合工程款、建设工期和包工包料情况在合同中约定。工程预付款额度，各地区、各部门的规定不完全相同，主要是保证施工所需材料和构件的正常储备。一般根据施工工期、建筑安装工作量、主要材料和构件费用占建安工作量的比例以及材料储备周期等因素经测算来确定。发包人根据工程的特点、工期长短、市场行情、供求规律等因素，招标时在合同条件中约定工程预付款的百分比。

（二）工程预付款的扣回

发包人支付给承包人的工程预付款其性质是预支。随着工程进度的推进，拨付的工程进度款数额不断增加，工程所需主要材料、构件的用量逐渐减少，原已支付的预付款应以抵扣的方式予以陆续扣回，扣款的方法有以下两种：

（1）发包人和承包人通过洽商用合同的形式予以确定，可采用等比率或等额扣款的方式。也可针对工程实际情况具体处理，如有些工程工期较短、造价较低，就无需分期扣还；有些工期较长，如跨年度工程，其预付款的占用时间很长，根据需要可以少扣或不扣。

（2）从未施工工程尚需的主要材料及构件的价值相当于工程预付款数额时扣起，从每次中间结算工程价款中，按材料及构件比重扣抵工程价款，至竣工之前全部扣清。因此确定起扣点是工程预付款起扣的关键。确定工程预付款起扣点的依据是：未完施工工程所需主要材料和构件的费用，等于工程预付款的数额。

三、工程进度款

（一）工程进度款的计算

工程进度款的计算，主要涉及两个方面：一是工程量的计量；二是单价的计算方法。单价的计算方法，主要由发包人和承包人事先约定的工程价格的计价方法确定。

当采用可调工料单价法计算工程进度款时，在确定已完工程量后，可按以下步骤计算工程进度款：

（1）根据已完工程量的项目名称、分项编号、单价得出合价。

（2）将本月所完工全部项目合价相加，得出直接工程费小计。

（3）按规定计算措施费，间接费、利润。

（4）按规定计算主材差价或差价系数。

（5）按规定计算税金。

（6）累计本月应收工程进度款。

采用全费用综合单价法计算工程进度款比用可调工料单价法更方便、简单，工程量得到确认后，只要将工程量与综合单价相乘得出合价，再累加即可完成本月工程进度款的计算工作。

（二）工程进度款的支付

《建设工程施工合同（示范文本）》关于工程款的支付也作出了相应的约定：“在确

认计量结果后14天内，发包人应向承包人支付工程款（进度款）。”“发包人超过约定的支付时间不支付工程款（进度款），承包人可向发包人发出要求付款的通知，发包人接到承包人通知后仍不能按要求付款，可与承包人协商签订延期付款协议，经承包人同意后可延期支付。”协议应明确延期支付的时间和从计量结果确认后第15天起计算应付款的贷款利息。“发包人不按合同约定支付工程款（进度款），双方又未达成延期付款协议，导致施工无法进行，承包人可停止施工，由发包人承担违约责任。”

四、竣工结算

（一）竣工结算的约定

《建设工程施工合同（示范文本）》约定：“工程竣工验收报告经发包人认可后28天内，承包人向发包人递交竣工结算报告及完整的结算资料，双方按照协议书约定的合同价款及专用条款约定的合同价款调整内容，进行工程竣工结算。”一般竣工结算的约定如下：

（1）专业监理工程师审核承包人报送的竣工结算报表；总监理工程师审定竣工结算报表；与发包人、承包人协商一致后，签发竣工结算文件和最终的工程款支付证书。

（2）发包人收到承包人递交的竣工结算报告和结算资料后28天内进行核实，给予确认或者提出修改意见。

（3）发包人确认竣工结算报告后通知经办银行向承包人支付竣工结算价款。

（4）承包人收到竣工结算价款后14天内将竣工工程交付发包人。

（5）发包人收到竣工结算报告及结算资料后28天内无正当理由不支付工程竣工结算价款，从第29天起按承包人同期向银行贷款利率支付拖欠工程价款的利息，并承担违约责任。

（6）发包人收到竣工结算报告及结算资料后28天内无正当理由不支付工程竣工结算价款，承包人可以催告发包人支付结算价款。

（7）发包人在收到竣工结算报告及结算资料后56天内仍不支付的，承包人可以与发包人协议将该工程折价，也可以由承包人申请人民法院将该工程依法拍卖，承包人就该工程折价或者拍卖的价款优先受偿。

（8）工程竣工验收报告经发包人认可后28天内，承包人未能向发包人递交竣工结算报告及完整的结算资料，造成工程竣工结算不能正常进行或工程竣工结算价款不能及时支付，发包人要求交付工程的，承包人应当交付；发包人不要求交付工程的，承包人承担保管责任。

（二）建安工程价款的动态结算

建安工程价款的动态结算就是要把各种动态因素渗透到结算过程中，使结算大体能反映实际的消耗费用。下面介绍几种常用的动态结算办法：

（1）按实际价格结算法。按实际价格结算法是根据项目实际发生的费用依据合同规定进行结算的方法，一般合同双方无异议。

（2）按主材计算价差。发包人在招标文件中列出需要调整价差的主要材料表及其基期价格（一般采用当时当地工程造价管理机构公布的信息价或结算价），工程竣工结算时按竣工当时当地工程造价管理机构公布的材料信息价或结算价，与招标文件中列出的基期价比较计算材料差价。

（3）竣工调价系数法。按工程价格管理机构公布的竣工调价系数及调价计算方法计算差价。

（4）调值公式法（又称动态结算公式法）。即在发包方和承包方签订的合同中明确规定了调值公式。价格调整的计算工作比较复杂，其程序是：①确定计算物价指数的品种。一般来说，品种不宜太多，只确立那些对项目投资影响较大的因素，如设备、水泥、钢材、木材和工资等。这样便于计算。②要明确以下两个问题。一是合同价格条款中，应写明经双方商定的调整因素，在签订合同时要写明考核几种物价波动到何种程度才进行调整。一般都在 ±10% 左右。二是考核的地点和时点。地点一般在工程所在地，或指定的某地市场价格；时点指的是某月某日的市场价格。这里要确定两个时点价格，即基准日期的市场价格（基础价格）和与特定付款证书有关的期间最后一天的 49 天前的时点价格。这两个时点就是计算调值的依据。③确定各成本要素的系数和固定系数。各成本要素的系数要根据各成本要素对总造价的影响程度而定。各成本要素系数之和加上固定系数应该等于 1。

第四章　建设工程项目质量管理

第一节　建设工程项目质量管理概述

一、建设工程项目质量

（一）建设工程项目质量的概念

建设工程项目质量是指国家现行的有关法律、法规、技术标准、设计文件及建设工程合同中对建设工程的安全、使用、经济、美观等特性的综合要求。建设工程项目是按照建设工程项目承包合同形成的，其质量也是在相应合同条件下形成的。合同条件是业主的需要，是质量的重要内容，通常表现在项目的适用性、可靠性、经济性、外观质量与环境协调等方面。

（二）建设工程项目质量的内容

任何建设工程项目都是由分项建设工程、分部建设工程、单位建设工程及单项建设工程所构成，就建设工程项目建设而言，是由一道道工序完成的。因此，建设工程项目质量包含工序质量、分项建设工程质量（包括检验批质量）、分部建设工程质量、单位建设工程质量以及单项建设工程质量。同时，建设工程项目质量还包括工作质量，工作质量是指参与建设工程建设者为了保证建设工程项目质量所从事工作的水平和完善程度。建设工程项目质量的高低是由业主、勘察、设计、施工、监理等单位各方面、各环节建设工程质量的综合反映，并不是单纯靠质量检验检查出来的，要保证建设工程项目质量就必须提高工作质量。

（三）建设工程项目质量实施

建设工程项目质量不仅包括活动或过程的结果，还包括活动或过程本身，即包括建设工程项目形成全过程，按照我国建设工程项目建设程序所包括的四阶段八步骤，建设工程项目质量包括建设工程项目决策质量、建设工程项目设计质量、建设工程项目施工质量、建设工程项目验收保修质量。

（四）建设工程项目质量的特点

建设工程项目质量的特点由建设工程项目的特点决定，建筑建设工程项目的特点主要体现在其施工生产上，而施工生产又由建筑产品特点反映。建筑产品特点表现在产品本身位置上的固定性、类型上的多样性、体积庞大性三个方面，因此，建筑施工具有生产的单体性、生产的流动性、露天作业和生产周期长的特点。

由于上述建设工程项目的特点，造成了建设工程项目质量具有以下特点：

（1）影响因素多。如决策、设计、材料、机械、环境、施工工艺、施工方案、施工人员素质等都直接或间接影响建设工程项目质量。

（2）质量波动大。建设工程项目建设因其单件性、施工的复杂性，其生产工艺和检测技术均不完善，其工业化程度、机械化操作程度低，因而其质量波动大。

（3）易产生质量变异。由于影响建设工程项目质量因素多，任何一个因素出现偏差，均会造成质量事故。由于影响质量的系统性因素和偶然性因素存在，建设工程项目易产生质量变异。

（4）质量具有隐蔽性。由于建设工程项目在施工过程中，工序交接多，中间产品多，隐蔽建设工程多，若不及时检查验收容易产生第二类判断错误，即将不合格的产品认为是合格的。

（5）终检局限大。当建设工程项目建成后，无法拆卸和解体来检查内在的质量问题，而是通过过程中形成的相关资料进行评定，因而建设工程项目终检验收时难以发现内在的隐蔽质量缺陷。当建筑建设工程项目建成后发现有质量问题，是无法重新更换零件的，更不可能退货。因此，对于建筑建设工程项目质量应重视事前控制和过程控制，防患于未然，将质量事故消灭在萌芽状态。

二、建设工程质量管理

质量管理是指确立质量方针及实施质量方针的全部职能及工作内容，并对其工作效果进行评价和改进的一系列工作。按照质量管理的概念，组织必须通过建立质量管理体系实施质量管理。其中，质量方针是组织最高管理者的质量宗旨、经营理念和价值观的反映。在质量方针的指导下，通过组织的质量手册、程序性管理文件、质量记录的制订，并通过组织制度的落实、管理人员与资源的配置、质量活动的责任分工与权限界定等，形成组织质量管理体系的运行机制。

第二节 建设工程项目质量的形成过程和影响因素

由于建筑产品的多样性和单件性生产的组织方式，决定了各具体建设工程项目的质量特性和目标的差异，但它们的质量形成过程和影响因素却有共同的规律。

一、建设工程项目质量的形成过程

从一般意义上说，建设工程项目是建设项目可以独立发包组织设计和施工的交工系统，如大型国际机场建设项目，其中的航站区、飞行区、工作区、航管设施、供油设施等，无论是在理论分析还是实践运作上，都是作为独立的建设工程项目或交工系统组织实施的。当建设项目仅包含一个单位建设工程或单项建设工程时，该单位建设工程或单项建设工程既可称为建设项目也可称为建设工程项目，这是特例。因此，对于大型建设项目尤其是群体建设工程构成的建设项目，建设项目管理和建设工程项目管理在管理范围、管理目标和管理主体方面存在着区别和联系。建设工程项目质量的形成过程，贯穿于整个建设项目的决策过程和各个建设工程项目的设计与施工过程，体现了建设工程项目质量从目标决策、目标细化到目标实现的系统过程。

（一）质量需求的识别过程

在建设项目决策阶段，主要工作包括建设项目发展策划、可行性研究、建设方案论证和投资决策。这一过程的质量职能在于识别建设意图和需求，对建设项目的性质、建设规模、使用功能、系统构成和建设标准要求等进行策划、分析、论证，对整个建设项目的质量总目标，以及建设项目内各建设工程项目的质量目标提出明确要求。

必须指出，由于建筑产品采取定制式的承发包生产，因此，其质量目标的决策是建设单位（业主）或项目法人的质量职能，尽管建设项目的前期工作，业主可以采用社会化、专业化的方式，委托咨询机构、设计单位或建设工程总承包企业进行，但这一切并不改变业主或项目法人的决策性质。业主的需求和法律法规的要求，是决定建设工程项目质量目标的主要依据。

（二）质量目标的定义过程

建设工程项目质量目标的具体定义过程，一方面是在建设工程设计阶段。设计是一种高智力的创造性活动。建设工程项目的设计任务，因其产品对象的单件性，总体上属于目标设计与标准设计相结合的特征。在总体规划设计与单体方案设计阶段，相当于目标产品的开发设计、总体规划和方案设计经过可行性研究和技术经济论证后，进入建设工程的标准设计，在这整个过程中实现对建设工程项目质量目标的明确定义。由此可见，建设工程项目设计的任务就是按照业主的建设意图、决策要点、法律法规和强制性标准的要求，将建设工程项目的质量目标具体化。通过建设工程的方案设计、扩大初步设计、技术设计和施工图设计等环节，对建设工程项目各细部的质量特性指标进行明确定义，即确定各项质量目标值，为建设工程项目的施工安装作业活动及质量控制提供依据。另一方面，承包商为了创品牌建设工程或根据业主的创优要求及具体情况来确定建设工程的总体质量目标，策划精品建设工程的质量控制。

（三）质量目标的实现过程

建设工程项目质量目标实现的最重要和最关键的过程是在施工阶段，包括施工准备过程和施工作业技术活动过程。其任务是按照质量策划的要求，制订企业或建设工程项目内控标准，实施目标管理、过程监控、阶段考核、持续改进的方法，严格按图纸施工，正确合理地配备施工生产要素，把特定的劳动对象转化成符合质量标准的建设工程产品。

二、建设工程项目质量的影响因素

（一）人的因素控制

人是指直接参与建设工程建设的决策者、组织者、指挥者和操作者。人作为控制的对象，要避免产生失误；人作为控制的动力，要充分调动其积极性，发挥“人的因素第一”的主导作用。

在建设工程质量控制中，人员的参与，一种是以个体形态存在，另一种方式常以某一组织的形态参与。为了避免人的失误，调动人的主观能动性，增强人的责任感和质量观，达到以工作质量保工序质量、促建设工程质量的目的，除了加强政治思想教育、劳动纪律教育、职业道德教育、专业技术知识培训、健全岗位责任制、改善劳动条件、公平合理的激励外，还需根据建设工程项目的特点，从确保质量出发，本着适才适用、扬长避短的原则来控制人的使用。

（二）材料的质量控制

材料（含构配件）是建设工程施工的物质条件，没有材料就无法施工。材料的质量是建设工程质量的基础，材料质量不符合要求，建设工程质量也就不可能符合标准。所以，加强材料的质量控制，是提高建设工程质量的重要保证，也是创造正常施工条件的前提。（陈玲燕，2017）

材料质量控制的要点包括以下几个方面：

（1）掌握材料信息，优选供货厂家掌握材料质量、价格、供货能力的信息，选择好供货厂家，就可获得质量好、价格低的材料资源，从而确保建设工程质量，降低建设工程造价。这是企业获得良好社会效益、经济效益、提高市场竞争能力的重要因素。

订购材料时，要求厂方提供质量保证文件，用以表明提供的货物完全符合质量要求。质量保证文件的内容主要包括：供货总说明；产品合格证及技术说明书；质量检验证明；检测与试验者的资质证明；不合格品或质量问题处理的说明及证明；有关图纸及技术资料等。

对于材料、设备、构配件的订货、采购，其质量要满足有关标准和设计的要求；交货期应满足施工及安装进度计划的要求。对于大型的或重要设备，以及大宗材料的采购，应当实行招标采购的方式；对某些材料，如瓷砖等装饰材料订货时最好一次订齐和备足货源，以免由于分批订货而出现颜色差异、质量不一。

（2）合理组织材料供应，确保施工正常进行。合理、科学地组织材料的采购、加工、储备、运输，建立严密的计划、调度体系，加快材料的周转，减少材料的占用量，按质、按量、如期地满足建设需要，是提高供应效益、确保正常施工的关键环节。

（3）合理组织材料使用，减少材料的损失。正确按定额计量使用材料，加强运输、仓库、保管工作，加强材料限额管理和发放工作，健全现场材料管理制度，避免材料损失、变质，这是确保材料质量、节约材料的重要措施。

（4）加强材料检查验收，严把材料质量关。①对用于建设工程的主要材料，进场时必须具备正式的出厂合格证和材质化验单。如不具备或对检验证明有怀疑时，应补做检验。②建设工程中所有构件，必须具有厂家批号和出厂合格证。钢筋混凝土和预应力钢筋混凝土构件，均应按规定的方法进行抽样检验。由于运输、安装等原因出现的构件质量问题，应分析研究，经处理鉴定合格后方能使用。③凡标志不清或认为质量有问题的材料；对质量保证资料有怀疑或与合同规定不符合的一般材料；由于建设工程重要程度决定，应进行一定比例试验的材料；需要进行追踪检验，以控制和保证其质量的材料等，均应进行抽检。对于进口的材料设备和重要建设工程或关键施工部位所用的材料，则应进行全部检验。④材料质量抽样和检验的方法，应符合《建筑材料质量标准与管理规程》，要能反映该批材料的质量性能。对于重要构件或关键部位的材料，还应酌情增加采样的数量。⑤在现场配制的材料，如混凝土、砂浆等的配合比，应先提出试配要求，经试配检验合格后才能使用。⑥对进口材料、设备应会同商检局检验，如核对凭证中发现问题，应取得供方和商检人员签署的商务记录，及时提出索赔。

（5）要重视材料的使用认证，以防错用或使用不合格的材料。①对主要装饰材料及建筑配件，应在订货前要求厂家提供样品或看样订货；主要设备订货时，要审核设备清单是否符合设计要求。②对材料性能、质量标准、适用范围和施工要求必须充分了解，以便慎重选择和使用材料。③凡是用于重要结构、部位的材料，使用时必须仔细地核对、认证其材料的品种、规格、型号、性能有无错误，是否适合建设工程特点和满足设计要求。④新材料应用，必须通过试验和鉴定；代用材料必须通过计算和充分的论证，并要符合结构构造的要求。⑤材料认证不合格时，不许用于建设工程中。有些不合格的材料，如过期、受潮的水泥是否降级使用，也需结合建设工程的特点予以论证，但决不允许用于重要的建设工程或部位。

（6）现场材料管理。管理内容如下：①入库材料要分型号、品种，分区堆放，予以标识，分别编号。②对易燃易爆的物资，要专门存放，有专人负责，并有严格的消防保护措施。③对有防湿、防潮要求的材料，要有防湿、防潮措施，并要有标识。④对有保质期的材料要定期检查，防止过期，并做好标识。⑤易损坏的材料、设备，要保护好外包装，防止损坏。

（三）机械设备质量控制

1. 施工现场机械设备控制的意义

建筑施工生产活动，除了要具备劳动力和劳动对象之外，还必须具有一定数量的劳动资料。机械设备是建筑产品生产的主要劳动资料，是生产建筑产品必备的基本要素。随着建筑工业化的发展，施工机械越来越多，并将逐步代替繁重的体力劳动，在施工生产中发挥越来越大的作用。加强现场施工机械设备管理，使机械设备经常处于良好的技术状态，对提高劳动生产效率、减轻劳动强度、改善劳动环境、保证建设工程质量、加快施工速度等都具有重要作用。现场施工机械设备管理是建筑企业管理的重要组成部分，是提高建设工程项目经济效益的重要环节。

2. 施工现场机械设备控制的任务与内容

建筑企业机械设备管理是对企业的机械设备运动，即从选购（或自制）机械设备开始，包括投入施工、磨损、补偿直到报废为止的全过程的管理。而现场施工机械设备管理主要是正确选择（或租赁）和使用机械设备，及时搞好施工机械设备的维护和保养，按计划检查和修理，建立现场施工机械设备使用管理制度等。其主要任务是采取技术、经济、组织措施对机械设备合理使用，用养结合，提高施工机械设备的使用效率，尽可能降低建设工程项目的机械使用成本，提高建设工程项目的经济效益。

现场施工机械设备管理的内容主要有以下几个方面：

（1）机械设备的选择与配套。任何一个建设工程项目施工机械设备的合理装备，必须依据施工组织设计。首先，对机械设备的技术经济进行分析，选择既满足生产、技术先进又经济合理的机械设备。结合施工组织设计，分析自制、购买和租赁的分界点，进行合理装备。其次，现场施工机械设备的装备必须配套成龙，使设备在性能、能力等方面相互配套。如果设备数量多，但相互之间不配套，不仅机械性能不能充分发挥，而且会造成资源浪费。所以不能片面地认为设备的数量越多越好。现场施工机械设备的配套必须考虑主机和辅机的配套关系，考虑前后工序机械设备间的配套关系，考虑大、中、小型建设工程机械及动力工具的多层次结构的合理比例关系。

（2）现场机械设备的合理使用。现场机械设备管理要处理好“养”“管”“用”三者之间的关系，遵照机械设备使用的技术规律和经济规律，合理有效地利用机械设备，使之发挥较高的使用效率。为此，操作人员使用机械时必须严格遵守操作规程，反对“拼设备”“吃设备”等野蛮操作。

（3）现场机械设备的保养和修理。为了提高机械设备的完好率，使机械设备一直处于良好的技术状态，必须做好机械设备的维修保养工作。同时，定期检查和校验机械设备的运转情况和工作精度，发现隐患及时采取措施。根据机械设备的性能、结构和使用状况，制订合理的修理计划，以便及时恢复现场机械设备的工作能力，预防事故的发生。

（四）施工方法的质量控制

方法控制是指施工项目为达到合同条件的要求，在项目施工阶段内所采取的技术方案、工艺流程、组织措施、检测手段、施工组织设计等的控制。

施工项目的施工方案正确与否，直接影响施工项目的进度控制、质量控制、投资控制三大目标能否顺利实现。往往由于施工方案考虑不周而拖延进度，影响质量，增加投资。为此，在制订和审核施工方案时，必须结合建设工程实际从技术、组织、管理、工艺、操作、经济等方面进行全面分析、综合考虑，力求方案技术可行、经济合理、工艺先进、措施得力、操作方便，有利于提高质量、加快进度、降低成本。

施工方案的确定一般包括确定施工流向、确定施工顺序、划分施工段、选择施工方法和施工机械。

1. 确定施工流向

确定施工流向是解决施工项目在平面上、空间上的施工顺序，确定时应考虑以下因素：

（1）按生产工艺要求，须先期投入生产或起主导作用的建设工程项目先施工。

（2）技术复杂、施工进度较慢、工期较长的工段和部位先施工。

（3）满足选用的施工方法、施工机械和施工技术的要求。

（4）符合建设工程质量与安全的要求。

（5）确定的施工流向不得与材料、构件的运输方向发生冲突。

2. 确定施工顺序

施工顺序是指单位建设工程施工项目中，各分项分部建设工程之间进行施工的先后次序。主要解决工序间在时间上的搭接关系，以充分利用空间、争取时间、缩短工期。单位建设工程施工项目施工应遵循先地下、后地上；先土建、后安装；先高空、后地面；先设备安装、后管道电气安装的顺序。

3. 划分施工段

施工段的划分，必须满足施工顺序、施工方法和流水施工条件的要求，为了使施工段划分合理，应遵循以下原则：

（1）各施工段上的建设工程量应大致相等，相差幅度不超过 10% ~ 15%，确保施工连续、均衡地进行。

（2）划分施工段界限应与施工项目的结构界限（变形缝、单元分界、施工缝位置）相一致，以确保施工质量和不违反操作顺序要求为前提。

（3）施工段应有足够的工作面，以利于达到较好的劳动效果。

（4）施工段的数量要满足连续流水施工组织的要求。

4. 选择施工方法和施工机械

施工方法和施工机械的选择是紧密联系的，施工机械的选择是施工方法选择的中心环节，不同的施工方法所用的施工机械不同，在选择施工方法和施工机械时，要充分研究施工项目的特征、各种施工机械的性能、供应的可能性和企业的技术水平、建设工期的要求和经济效益等，一般应遵循以下要求：

（1）施工方法的技术先进性和经济合理性统一。

（2）施工机械的适用性与多用性兼顾。

（3）辅助机械与主导机械的生产能力应协调一致。

（4）机械的种类和型号在一个施工项目上应尽可能少。

（5）尽量利用现有机械。

在确定施工方法和主导机械后，应考虑施工机械的综合使用和工作范围，工作内容得到充分利用，并制定保证建设工程质量与施工安全的技术措施。

5. 施工方案的技术经济分析

施工项目中的任何一个分项分部建设工程，应列出几个可行的施工方案，通过技术经济分析在其中选出一个工期短、质优、省料、劳动力和机械安全合理、成本低的最优方案。

施工方案的技术经济分析有定性分析和定量分析两种常用方法。

（1）定性分析。结合施工经验，对几个方案的优缺点进行分析和比较，得出以下指标来评价确定：①施工操作上的难易程度和安全可靠性。②能否为后续工作创造有利的施工条件。③选择的施工机械设备是否可能取得。④能否为现场文明施工创造有利条件。⑤对周围其他建设工程施工影响的程度大小。

（2）定量分析。通过计算各方案的几个主要技术经济指标进行综合分析，从中选择技术经济指标最优的方案，主要指标如下所述：①工期指标。当要求建设工程尽快完成时，选择施工方案就要确保建设工程质量、安全和成本较低的条件下，优先考虑缩短工期的方案。②劳动消耗量指标。它反映施工机械化程度和劳动生产率水平，在方案中劳动消耗量越小，说明机械化程度和劳动生产率越高。③主要材料消耗量指标。反映各施工方案的主要材料节约情况。④成本指标。反映施工方案成本高低。⑤投资额指标。当拟定的施工方案需要增加新的投资时，以投资额低的方案为好。

（五）环境因素的控制

项目施工阶段是施工项目形成的关键阶段，此阶段是施工企业在项目的施工现场将设计的蓝图建造成实物，因而施工阶段的环境因素对施工项目质量起着非常重要的影响，在施工项目质量的控制中应重视施工现场环境因素的影响，并加以有效合理的控制。

影响施工项目质量的环境因素很多，概括起来分为建设工程技术（图纸资料、图纸会审、开工审批、技术交底等），建设工程管理环境（质量保证体系、质量管理制度等），现场施工环境（场地情况、交通情况、能源供应等），自然环境（地质、地下水位、气象等）以及其他环境因素。环境因素对施工项目质量的影响具有复杂而多变的特点。比如气象条件，温度、湿度、降雨、严寒等都直接影响施工项目质量。气象变化主要体现在冬期、雨期、炎热季节性施工中，尤其是混凝土建设工程、土方建设工程、深基础及高空作业等深受季节性条件的影响。但气象条件是无法改变的，只能根据各自特点做好季节性施工的准备工作并采取有针对性的质量措施，降低或避免季节性环境因素对施工质量的影响。

1. 季节性施工准备工作控制

（1）冬期施工准备工作：①合理安排冬期施工项目。冬期施工条件差、技术要求高，费用增加。为此，应考虑既能保证施工质量，而费用又增加较少的项目安排在冬期施工，如吊装、打桩、室内抹灰、装修（可先安装好门窗及玻璃）等建设工程。②落实各种热源供应和管理。包括各种热源供应渠道、热源设备和冬期用的各种保温材料的储存和供应等工作。③做好保温防冻工作。④做好测温组织工作。测温要按规定的部位、时间要求进行，并要如实填写测温记录。⑤做好停工部位的安排、防护和检查。⑥加强安全教育，严防火灾发生。要有防火安全技术措施，经常检查落实确保各种热源设备完好。做好职工培训及冬期施工的技术操作和安全施工的教育，确保施工质量，避免安全事故发生。

（2）雨期施工的准备工作：①防洪排涝，做好现场排水工作。建设工程地点若在河流附近，上游有大面积山地丘陵，应有防洪排涝准备。施工现场雨期来临前，应做好排水沟渠的开挖，准备好抽水设备，防止场地积水和地沟、基槽、地下室等泡水，造成损失。②做好雨期施工安排，尽量避免雨期窝工造成的损失。一般情况下在雨期到来之前，应多安排完成基础、地下建设工程、土方建设工程、室外及屋面建设工程等不宜在雨期施工的项目，多留些室内工作在雨期施工。③做好道路维护，保证运输畅通。雨期前检查道路边坡排水，适当提高路面，防止路面凹陷，保证运输畅通。④做好物资的储存。雨期到来前，材料、物资应多储存，减少雨期运输量，以节约费用。要准备必要的防雨器材，库房四周要有排水沟渠，防止物品淋雨浸水而变质。⑤做好机具设备防护。雨期施工，对现场的各种设施、机具要加强检查，特别是脚手架、垂直运输设施等，要采取防倒塌、防雷击、防漏电等一系列技术措施。⑥加强施工管理，做好雨期施工的安全教育。要认真编制雨期施工技术措施，认真组织贯彻实施。加强对职工的安全教育，防止各种事故发生。

2. 季节性施工管理措施

（1）施工人员应熟悉并认真执行冬期施工技术有关规定，掌握气候动态。

（2）混凝土冬期施工以蓄热法为主，掺早强剂为辅，可用热水搅拌混凝土，短运输、快入模，混凝土浇筑完毕立即盖好，尽量使用高强度等级水泥。

（3）混凝土搅拌时间增加常温时的 50%，草帘子日揭夜盖，保持温度，直至强度达到设计标号的 40%。

（4）砌体建设工程冬期施工、石灰膏要遮盖防冻，砖及块材不浇水，砌筑时亦不浇水、刮浆；砌筑砂浆中可加早强剂、缓冲剂或加热，砌体上应用草帘覆盖。

（5）大面积外抹灰冬期应停止施工。如必须进行时应尽量利用太阳光照热度。

（6）内抹灰冬期施工，应将外门窗玻璃装好，洞口堵隔，出入门口挂草帘，室内在5℃以上时才可施工；小面积粉刷可在室内人工加温，保温应保持到粉刷干燥到九成以上。

（7）现场道路要坚实，有排水沟及流水去向，施工安排要立体交叉，要考虑雨期可转入室内的工作。雨期施工时，施工现场重点是控制截水和排水，截水是在施工现场的上游设置截水沟，阻止场外水流流入施工现场。排水是在施工现场内规划布置排水系统，使雨水经排水系统排至场外。一般设置的排水沟横断面不小于0.5m×0.5m，纵向坡度一般不小于千分之三。

（8）地下室施工时要防止地面水淌进坑内，要设集水坑，并备用足够的排水设备。

（9）正在浇筑混凝土遇雨时，已浇好的要及时覆盖，中途停歇要按施工缝要求处理，现场应备用必要的挡雨设施。

（10）夏季要做好防暑降温工作，混凝土夏季可掺缓凝剂，做好浇水养护工作。

第三节 建设工程项目质量控制

一、建设工程项目质量控制系统的运行

建设工程项目质量控制系统的建立，为建设工程项目的质量控制提供了组织制度方面的保证。而建设工程项目质量控制系统的运行，实质上就是系统功能的发挥过程，也是质量活动职能和效果的控制过程。质量控制系统要能有效地运行，还有赖于系统内部运行环境和运行机制的完善。

（一）运行环境

建设工程项目质量控制系统的运行环境，主要是指为系统运行提供支持的管理关系、组织制度和资源配置的条件。

（1）建设工程的合同结构。建设工程合同是联系建设工程项目各参与方的纽带，只有在建设工程项目合同结构合理、质量标准和责任条款明确，并严格进行履约管理的条件下，质量控制系统的运行才可能成为各方的自觉行动。

（2）质量管理的资源配置。质量管理的资源配置，包括专职的建设工程技术人员和质量管理人员的配置，以及实施技术管理和质量管理所必需的设备、设施、器具、软件等物质资源的配置。人员和资源的合理配置是质量控制系统得以运行的基础条件。

（3）质量管理的组织制度。建设工程项目质量控制系统内部的各项管理制度和程序性文件的建立，为质量控制系统各个环节的运行提供必要的行动指南、行为准则和评价基准的依据，是系统有序运行的基本保证。

（二）运行机制

建设工程项目质量控制系统的运行机制，是由一系列质量管理制度安排所形成的内在能力。运行机制是质量控制系统的生命，机制缺陷是造成系统运行无序、失效和失控的重要原因。因此，在设计系统内部的管理制度时，必须予以高度的重视，防止重要管理制度的缺失、制度本身的缺陷、制度之间的矛盾等现象出现，才能为系统的运行注入动力机制、约束机制、反馈机制和持续改进机制。

（1）动力机制。动力机制是建设工程项目质量控制系统运行的核心机制，它来源于公正、公开、公平的竞争机制和利益机制的制度设计或安排。这是因为建设工程项目的实施过程是由多主体参与的价值增值链，只有保持合理的供方及分供方等各方关系，才能形成合力，是建设工程项目成功的重要保证。

（2）约束机制。没有约束机制的控制系统是无法使建设工程质量处于受控状态的，约束机制取决于各主体内部的自我约束能力和外部的监控效力。约束能力表现为组织及个人的经营理念、质量意识、职业道德及技术能力的发挥；监控效力取决于建设工程项目实施主体外部对质量工作的推动和检查监督。两者相辅相成，构成了质量控制过程的制衡关系。

（3）反馈机制。运行的状态和结果的信息反馈，是对质量控制系统的能力和运行效果进行评价，为及时做出处置提供决策依据。因此，必须有相关的制度安排，保证质量信息反馈的及时和准确，保持质量管理者深入生产第一线，掌握第一手资料，才能形成有效的质量信息反馈机制。

（4）持续改进机制。在建设工程项目实施的各个阶段，不同的层面、不同的范围和不同的主体间，应用计划、实施、检查和处置的方式展开质量控制，同时必须注重抓好控制点的设置，加强重点控制和例外控制，并不断寻求改进机会，研究改进措施。这样才能保证建设工程项目质量控制系统的不断完善和持续改进，不断提高质量控制能力和控制水平。

二、施工过程的建设工程质量控制

施工质量控制是一个涉及面广泛的系统过程，除了施工质量计划的编制和施工生产要素的质量控制以外，施工过程的作业工序质量控制是建设工程项目实际质量形成的重要过程。

建设工程项目施工由一系列相互关联、相互制约的作业过程（工序）构成，因此施工质量控制，必须对全部作业过程，即各道工序的施工质量进行控制。从项目管理的立场看，作业工序质量的控制，首先是质量生产者即作业者的自控，在施工生产要素合格的条件下，作业者能力及其发挥的状况是决定作业质量的关键。其次，来自作业者外部的各种作业质量检查、验收和对质量行为的监督，也是一种不可缺少的设防和把关的管理措施。

（一）施工作业质量的自控

1. 施工作业质量自控的意义

施工质量的自控，从经营的层面上说，强调的是作为建筑产品生产者和经营者的施工企业，应全面履行企业的质量责任，向顾客提供质量合格的建设工程产品；从生产的过程说，强调施工作业者的岗位质量责任，向后道工序提供合格的作业成果（中间产品）质量。同理，供货厂商必须按照供货合同约定的质量标准和要求，对施工材料物资的供应过程实施产品质量自控。因此，施工承包方和供应方在施工阶段是质量自控主体，他们不能因为监控主体的存在和监控责任的实施而减轻或免除其质量责任。我国《建筑法》和《建设工程质量管理条例》规定：建筑施工企业对建设工程的施工质量负责；建筑施工企业必须按照建设工程设计要求、施工技术标准和合同的约定，对建筑材料、建筑构配件和设备进行检验，不合格的不得使用。

施工方作为建设工程施工质量的自控主体，既要遵循本企业质量管理体系的要求，也要根据其在所承建的建设工程项目质量控制系统中的地位和责任，通过具体项目质量计划的编制与实施，有效地实现施工质量的自控目标。

2. 施工作业质量自控的程序

施工作业质量的自控过程是由施工作业组织的成员进行的，其基本的控制程序包括：作业技术交底、作业活动的实施和作业质量的自检自查、互检互查以及专职管理人员的质量检查等。

技术交底是施工组织设计和施工方案的具体化，施工作业技术交底的内容必须具有可行性和可操作性。

从建设工程项目的施工组织设计到分部分项建设工程的施工计划，在实施之前都必须逐级进行交底，其目的是使管理者的计划和决策意图为实施人员所理解。施工作业交底是最基层的技术和管理交底活动，施工总承包方和建设工程监理机构都要对施工作业交底进行监督。作业交底的内容包括作业范围、施工依据、作业程序、技术标准和要领、质量目标以及其他与安全、进度、成本、环境等目标管理有关的要求和注意事项。

（二）施工项目质量控制

1. 质量控制

质量控制是指为达到一定的质量要求所采取的作业技术和活动。其质量要求需要转化为可用定性和定量的规范表示的质量特性，以便于质量控制的执行和检查。

2. 施工项目质量控制的概念

施工项目质量控制是指为达到建设工程项目质量要求采取的作业技术和活动，即为了保证达到建设工程合同、设计文件、技术规程规定的质量标准而采取的一系列措施、手段

和方法。（石南疆，2018）

3. 施工项目质量控制分类

施工项目质量控制按其实施者分为三个方面。

（1）业主和监理的质量控制，属于外部的、横向的控制。

控制目的：保证施工项目能够按照建设工程合同规定的质量要求达到业主的建设意图，取得良好的投资效益。

控制依据：合同文件、设计图纸、国家现行法律、法规。

控制内容：在设计阶段及其前期以审查可行性研究报告及设计文件、图纸为主，在审查基础上确定设计是否符合业主要求。在施工阶段进驻现场实施监理，检查是否严格按图施工，并达到合同文件规定的质量标准。

（2）政府监督机构的质量控制，属于外部的、纵向的控制。

控制目的：维护社会公共利益，保证技术性法规和标准贯彻执行。

控制依据：相关的法律文件和法定技术标准。

控制内容：在设计阶段及其前期以审查设计纲要、选址报告、建设用地申请及设计图纸为主，施工阶段以不定期的检查为主，审核是否违反城市规划，是否符合有关技术法规、标准的规定，对环境影响的性质和程度大小，有无防止污染、公害的技术措施。

（3）承建商的质量控制属于内部的、自身的控制。

控制目的：按业主的需求将蓝图建造成实物。

控制依据：合同文件、设计图纸、相关的法律法规和标准。

控制内容：以施工项目的质量、成本、进度、安全和现场管理等为主。

4. 施工项目质量控制的基本要求

质量控制的目的是满足预定的质量要求，以取得期望的经济效益。对于建筑建设工程来说，有效的质量控制的基本要求有以下几点。

（1）提高预见性。要实现这项要求，就应及时地通过建设工程建设过程中的信息反馈预见可能发生的重大建设工程质量问题，采取切实可行的措施加以防范，以满足“预防为主”的宗旨。

（2）明确控制重点。一般是以关键工序和特殊工序为重点，设置控制点。

（3）重视控制效益。建设工程质量控制同其他质量控制一样，要付出一定的代价，投入和产出的比值是必须考虑的问题。对建筑建设工程来说，是通过控制其质量与成本的协调来实现的。（彭永林，2013）

（4）系统地进行质量控制，它要求有计划地实施质量体系内各有关职能的协调和控制。

（5）制定控制程序。质量控制的基本程序是：按照质量方针和目标，制定建设工程质量控制措施并建立相应的控制标准；分阶段地进行监督检查，及时获得信息与标准相比较，作出建设工程合格性判定；对于出现的建设工程质量的问题，及时采取纠偏措施，保证项目预期目标的实现。

5. 建设工程项目质量控制原则

建设工程项目质量控制应遵循以下原则。

（1）坚持质量第一，用户至上。

（2）以人为核心。

（3）以预防为主。

（4）用数据说话，坚持质量标准、严格检查。

（5）贯彻科学、公正、守法的职业规范。

6. 建设工程项目质量控制的过程

从建设工程项目的质量形成过程来看，要控制建设工程项目质量，就要按照建设过程的顺序依法控制各阶段的质量。

（1）项目决策阶段的质量控制。选择合理的建设场地，使项目的质量要求和标准符合投资者的意图，并与投资目标相协调，使建设项目与所在的地区环境相协调，为项目的长期使用创造良好的运行环境和条件。

（2）项目设计阶段的质量控制。第一，选择好设计单位，要通过设计招标，必要时组织设计方案竞赛，从中选择能够保证质量的设计单位。第二，保证各个部分的设计符合决策阶段确定的质量要求。第三，保证各个部分设计符合有关的技术法规和技术标准的规定。第四，保证各个专业设计之间协调。第五，保证设计文件、图纸符合现场和施工的实际条件，其深度应满足施工的要求。

（3）项目施工阶段的质量控制。首先，展开施工招标，选择优秀施工单位，认真审核投标单位的标书中关于保证质量的措施和施工方案，必要时组织答辩，使质量作为选择施工单位的重要依据。其次，在于保证严格按设计图纸进行施工，并最终形成符合合同规定质量要求的最终产品。

（三）建设工程项目施工阶段质量控制过程

根据建设工程质量形成阶段的时间，施工阶段的质量控制可以分为事前控制、事中控制和事后控制。

（1）事前质量控制。事前质量控制即在施工前进行质量控制，其具体内容包括以下几个方面：①审查各承包单位的技术资质。②对建设工程所需材料、构件、配件的质量进行检查和控制。③对永久性生产设备和装置按审批同意的设计图纸组织采购或订货。④施工方案和施工组织设计中应含有保证建设工程质量的可靠措施。⑤对建设工程中采用的新材料、新工艺、新结构、新技术，应审查其技术鉴定书。⑥检查施工现场的测量标桩、建筑物的定位放线和高程水准点。⑦完善质量保证体系。⑧完善现场质量管理制度。⑨组织设计交底和图纸会审。

（2）事中质量控制。事中质量控制即在施工过程中进行质量控制，其具体内容有以下几个方面：①完善的工序控制。②严格工序之间的交接检查工作。③重点检查重要部位和专业过程。④对完成的分部、分项建设工程按照相应的质量评定标准和办法进行检查、验收。⑤审查设计图纸变更和图纸修改。⑥组织现场质量会议，及时分析通报质量情况。

（3）事后质量控制：①按规定质量评定标准和办法对已完成的分项分部建设工程、单位建设工程进行检查验收。②组织联动试车。③审核质量检验报告及有关技术性文件。④审核竣工图。⑤整理有关建设工程项目质量的技术文件，并编目、建档。

（四）工序质量控制

1. 工序及工序质量

施工工序是产品（建设工程）构配件或零部件生产（施工）过程的基本环节，是构成生产的基本单位，也是质量检验的基本环节。从工序的组合和影响工序因素看，工序就是人、机、料、法和环境对产品（建设工程）质量起综合作用的过程。工序的划分主要取决于生产技术的客观要求，同时也取决于劳动分工和提高劳动生产率的要求。

工序质量是工序过程的质量。在生产（施工）过程中，由于各种因素的影响而造成产品（建设工程）产生质量波动，工序质量就是去发现、分析和控制工序中的质量波动，使影响各道工序质量的制约因素都能控制在一定范围内，确保每道工序的质量，不使上道工序的不合格品转入下道工序。工序质量决定最终产品（建设工程）的质量，因此，对于施工企业来说，搞好工序质量就是保证单位建设工程质量的基础。（陈玲燕，2017）

工序管理的目的是使影响产品（建设工程）质量的各种因素能始终处于受控状态。因此，工序管理实质上就是对工序质量的控制，一般采用建立质量控制点（管理点）的方法来加强工序管理。

建设工程项目施工质量控制就是对施工质量形成的全过程进行监督、检查、检验和验收的总称。施工质量由工作质量、产品质量、工序质量三者构成。工作质量是指参与项目实施全过程人员，为保证施工质量所表现的工作水平和完善程度，例如管理工作质量、技术工作质量、思想工作质量等。产品质量是指建筑产品必须具有满足设计规范所要求的安全可靠性、经济性、适用性、环境协调性、美观性等。工序质量包括工序作业条件和作业效果质量。建设工程项目的施工过程是由一系列相互关联、相互制约的工序构成，工序质量是基础，直接影响建设工程项目的产品质量，因此，必须先控制工序质量，从而保证整体质量。

2. 工序质量控制的程序

工序质量控制就是通过工序子样检验来统计、分析和判断整道工序质量，从而实现工序质量控制。工序质量控制的程序如下：

（1）选择和确定工序质量控制点。

（2）确定每个工序控制点的质量目标。

（3）按规定检测方法对工序质量控制点现状进行跟踪检测。

（4）将工序质量控制点的质量现状和质量目标进行比较，找出二者差距及产生原因。

（5）采取相应的技术、组织和管理措施，消除质量差距。

3. 工序质量控制的要点

（1）必须主动控制工序作业条件，变事后检查为事前控制。对影响工序质量的各种因素，如材料、施工工艺、环境、操作者和施工机具等项目，要预先进行分析，找出主要影响因素，并加以严格控制，从而防止工序质量出现问题。

（2）必须动态控制工序质量，变事后检查为事中控制。及时检验工序质量，利用数理统计方法分析工序质量状态，并使其处于稳定状态。如果工序质量处于异常状态，则应停止施工。在分析原因，采取措施消除异常状态后，方可继续施工。

（3）建立工序质量控制点，合理设置工序质量控制点，并做好工序质量预控工作。①确定工序质量标准，并规定其抽样方法、测量方法、一般质量要求和上下波动幅度。②确定工序技术标准和工艺标准，具体规定每道工序的操作要求，并进行跟踪检验。

（五）质量控制点设置

1. 质量控制点的定义

质量控制点是为了保证工序处于受控状态，在一定的时间和一定的条件下，在产品制造过程中需重点控制的质量特性、关键部件或薄弱环节。质量控制点也称为“质量管理点”。

质量控制点是根据对重要的质量特性需要进行重点质量控制的要求而逐步形成的。任何一个施工过程或活动总是有许多项的特性要求，这些质量特性的重要程度对建设工程使用的影响程度不完全相同。质量控制点就是在质量管理中运用“关键的少数”“次要的多数”这一基本原理的具体体现。质量控制点一般可分为长期型和短期型两种。对于设计、工艺方面要求较高的关键、重要项目，是必须长期重点控制的，而对于工序质量不稳定、不合格品多或用户反馈的项目，或因为材料供应、生产安排等在某一时期内的特殊需要，则要设置短期适量控制点。当技术改进项目的实施、新材料的采用、控制措施的标准化等经过一段时间验证有效后，可以相应撤销，转入一般的质量控制。

如果对产品（建设工程）的关键特性、关键部位和重要因素都设置了质量控制点，得到了有效控制，则这个产品（建设工程）的质量就有了保证。同时控制点还可以收集大量有用的数据、信息，为质量改进提供依据。所以设置建立质量控制点，加强工序管理，是企业建立质量体系的基础环节。

2. 质量控制点的设置原则

在什么地方设置质量控制点，需要通过对建设工程的质量特性要求和施工过程中的各个工序进行全面分析来确定。设置质量控制点一般应考虑下列原则：

（1）对产品（建设工程）的适用性（可靠性、安全性）有严格影响的关键质量特性、关键部位或重要影响因素，应设置质量控制点。

（2）对工艺上有严格要求，对下道工序有严重影响的关键部位应设置质量控制点。

（3）对经常容易出现不良产品的工序，必须设立质量控制点。

（4）对会影响项目质量的某些工序的施工顺序，必须设立质量控制点。

（5）对会严重影响项目质量的材料质量和性能，必须设立质量控制点。

（6）对会影响下道工序质量的技术间歇时间，必须设立质量控制点。

（7）对某些与施工质量密切相关的技术参数，要设立质量控制点。

（8）对容易出现质量通病的部位，必须设立质量控制点。

（9）某些关键操作过程，必须设立质量控制点。

（10）对用户反馈的重要不良项目应建立质量控制点。建筑产品（建设工程）在施工过程中应设置多少质量控制点，应根据产品（建设工程）的复杂程度、技术文件上标记的特性分类以及缺陷分级的要求而定。

3. 质量控制点实施

根据质量控制点的设置原则，质量控制点的落实与实施一般有以下几个步骤：

（1）确定质量控制点，编制质量控制点明细表。

（2）绘制“建设工程质量控制程序图”及“工艺质量流程图”，明确标出建立控制点的工序、质量特性、质量要求等。

（3）组织有关人员进行工序分析，绘制质量控制点设置表。

（4）组织有关部门对质量部门进行分析，明确质量目标、检查项目、达到标准及各质量保证相关部门的关系及保证措施等，并编制质量控制点内部要求。

（5）组织有关人员找出影响工序质量特性的主导因素，并绘制因果分析图和对策表。

（6）编制质量控制点工艺指导书。

（7）按质量评定表进行验评。为了保证质量，严格按照建筑建设工程质量验评标准进行验评。

（六）施工项目质量控制手段

1. 施工项目质量控制

施工项目质量控制，主要是审核有关技术文件、报告和直接进行现场质量检验或必要的试验等。对技术文件、报告、报表的审核，是项目管理者对建设工程质量进行全面控制的重要手段，其审核的具体内容如下：

（1）有关技术资质证明文件。

（2）开工报告，并经现场核实。

（3）施工方案、施工组织设计和技术措施。

（4）有关材料、半成品的质量检验报告。

（5）反映工序质量动态的统计资料或控制图表。

（6）设计变更、修改图纸和技术核定书。

（7）有关质量问题的处理报告。

（8）有关应用新工艺、新材料、新技术、新结构的技术鉴定书。

（9）有关工序交接检查，分项、分部建设工程质量检查报告；审核并签署现场有关技术签证、文件等。

现场质量检验主要有以下内容：

（1）开工前检查。目的是检查是否具备开工条件，开工后能否连续正常施工，能否保证建设工程质量。

（2）工序交接检查。对于重要的工序或对建设工程质量有重大影响的工序，在自检、互检的基础上，还要组织专职人员进行工序交接检查。

（3）隐蔽建设工程检查。凡是隐蔽建设工程均应检查认证后方能掩盖。

（4）停工后复工前的检查。因处理质量问题或某种原因停工后需复工时，亦应经检查认可后方能复工。

（5）分项、分部建设工程完工后，应经检查认可，签署验收记录后，才能进行下一阶段施工。

（6）成品保护检查。检查成品有无保护措施，或保护措施是否可靠。此外，还应经常深入现场，对施工操作质量进行巡视检查。必要时，还应进行跟班或追踪检查。

2. 质量控制的手段

（1）日常性检查。在现场施工过程中，质量控制人员（专业工长、质检员、技术人员）对操作人员进行操作情况及结果的检查和抽查，及时发现质量问题或质量隐患、事故苗头，以便及时进行控制。

（2）测量和检测。利用测量仪器和检测设备对建筑物水平和竖向轴线、标高、几何尺寸、方位进行控制，对建筑结构施工的有关砂浆或混凝土强度进行检测，严格控制建设工程质量，发现偏差及时纠正。

（3）试验及见证取样。各种材料及施工试验应符合相应规范和标准的要求，诸如原材料的性能、混凝土搅拌的配合比和计量、坍落度的检查和成品强度等物理力学性能及打桩的承载能力等，均需通过试验的手段进行控制。

（4）实行质量否决制度。质量检查人员和技术人员对施工中存在的问题，有权以口头方式或书面方式要求施工操作人员停工或者返工，纠正违章行为，责令不合格的产品推倒重做。

（5）按规定的工作程序控制。预检、隐检应有专人负责并按规定检查，作好记录，第一次使用的配合比要进行开盘鉴定，混凝土浇筑应经申请和批准，完成的分项建设工程质量要进行实测实量的检验评定等。

（6）对使用安全与功能的项目实行竣工抽查检测。

第四节 建设工程质量事故的处理

一、建设工程质量事故处理的依据和程序

（一）建设工程质量事故处理的依据

处理建设工程质量事故，必须分析原因。作出正确的处理决策要以充分、准确的第一手资料作为决策基础和依据，进行建设工程质量事故处理的主要依据有以下五个方面：

（1）事故调查分析报告。事故调查分析报告一般包括：①质量事故的情况。②事故性质。③事故原因。④事故评估。⑤设计、施工以及使用单位对事故的意见和要求。⑥事故涉及人员与主要责任者的情况等。

（2）具有法律效力的，得到有关当事各方认可的建设工程承包合同、设计委托合同、材料或设备购销合同以及监理合同或分包合同等合同文件。

（3）有关的技术文件和档案。

（4）相关的法律法规。

（5）类似建设工程质量事故处理的资料和经验。

（二）建设工程质量事故处理的程序

事故处理的程序为：事故调查→事故原因分析→事故调查报告→结构可靠性鉴定→确定处理方案→事故处理设计→事故处理施工→验收和检验→结论。

（1）事故调查。初步调查内容包括：建设工程情况、事故情况、图纸资料、施工资料等。

详细调查内容有：设计情况；地基及基础情况；结构实际情况；荷载情况；建筑物变形观测；裂缝观测等。

补充调查内容有：对有怀疑的地基进行补充勘测；测定所用材料的实际性能；建筑物内部缺陷的检查；较长时期的观测等。

（2）事故原因分析。在事故调查的基础上，分清事故的性质、类别及危害程度，为事故处理提供必要的依据。

确定事故原点。事故原点的状况往往反映出事故的直接原因。

正确区别同类型事故的不同原因。根据调查的情况，对事故进行认真、全面的分析，找出事故的根本原因。

注意事故原因的综合性。要全面估计各种因素对事故的影响，以便采取综合治理措施。

（3）事故调查报告。主要包括建设工程概况；事故概况；事故是否已作过处理；事故调查中的实测数据和各种试验数据；事故原因分析；结构可靠性鉴定结论；事故处理的建议等。

（4）结构可靠性鉴定。根据事故调查取得的资料，对结构的安全性、适用性和耐久性进行科学的评定，为事故的处理决策确定方向。可靠性鉴定一般由专门从事建筑物鉴定的机构作出。

（5）确定处理方案。根据事故调查报告、实地勘察结果和事故性质，以及用户的要求确定优化方案。

（6）事故处理设计注意事项：①按照有关设计规范的规定进行。②考虑施工的可行性。③重视结构环境的不良影响，防止事故再次发生。

（7）事故处理施工。施工应严格按照设计要求和有关的标准、规范的规定进行，并应注意以下事项：把好材料质量关；复查事故实际状况；做好施工组织设计；加强施工检查；确保施工安全。

（8）建设工程验收和处理效果检验。事故处理工作完成后，应根据规范规定和设计要求进行检查验收。

（9）事故处理结论。建筑建设工程质量事故处理结论包括以下六种：①事故已排除，可继续施工。②隐患已消除，结构安全有保证。③经修补、处理后，完全能满足使用要求。④基本上满足使用要求，但使用时应有附加的限制条件，如限制荷载等。⑤对耐久性的结论。⑥对建筑物外观影响的结论。

对短期难以作出结论的，可提出进一步观测检验的意见。

（三）事故处理的任务与特点

1. 事故处理的主要任务

事故处理的主要任务如下：①创造正常施工条件。②确保建筑物安全。③满足使用要求。④保证建筑物具有一定的耐久性。⑤防止事故恶化，减少损失。⑥有利于建设工程交工验收。

2. 质量事故处理的特点

质量事故处理的特点包括以下内容：①复杂性。相同形态的事故，产生的原因、性质及危害程度会截然不同。②危险性。随时可能诱发倒塌。③连锁性。结构构件之间的相互牵连。④选择性。处理方法和处理时间可有多种选择。⑤技术难度大。⑥高度的责任性。涉及单位之间关系和人员处理。

（四）质量事故处理的条件与注意事项

1. 质量事故处理必须具备的条件

质量事故处理必须具备的条件如下：①事故情况清楚。②事故性质明确。是结构性的还是一般性的问题；是表面性的还是实质性的问题；事故处理的迫切程度。③事故原因分析准确、全面。④事故评价基本一致，各单位的评价应基本达成一致的认识。⑤处理目的和要求明确，恢复外观、防渗堵漏、封闭保护、复位纠偏、减少荷载、结构补强、拆除重建等。⑥事故处理所需资料齐全。

2. 质量事故处理的注意事项

质量事故处理的注意事项如下：①综合治理。注意处理方法的综合应用，以便取得最佳效果。②消除事故根源。③注意事故处理期的安全。随时可能发生倒塌，要有可靠支护；对需要拆除结构，应制定安全措施；在不卸载进行结构加固时，要注意加固方法的影响。④加强事故处理的检查验收。准备阶段开始，对各施工环节进行严格的质量检查验收。

3. 不需要处理的事故

不需要处理的事故有：①不影响结构安全和正常使用，如错位事故。②施工质量检验存在问题。③不影响后续建设工程施工和结构安全。④利用后期强度。混凝土强度未达设计要求，但相差不多，同时短期内不会满载，可考虑利用混凝土后期强度。⑤通过对原设计进行验算可以满足使用要求。根据实测数据，结合设计要求验算，如能满足要求，经设计单位同意，可不作处理。

二、建设工程质量事故处理的方法与验收

（一）建设工程质量事故处理的方法

事故处理方法，应当正确地分析和判断事故产生的原因，通常可以根据质量问题的情况，确定以下五种不同性质的处理方法：

（1）返工处理。即推倒重来，重新施工或更换零部件，自检合格后重新进行检查验收。

（2）修补处理。即经过适当的加固补强、修复缺陷，自检合格后重新进行检查验收。（赵洁，张昊天，2018）

（3）让步处理。即对质量不合格的施工结果，经设计人员的核验，虽没达到设计的质量标准，但不影响结构安全和使用功能，经业主同意后可予验收。

（4）降级处理。如对已完工部位，因轴线、标高引测差错而改变设计平面尺寸，若返工损失严重，在不影响使用功能的前提下，经承发包双方协商验收。

（5）不作处理。对于轻微的施工质量缺陷，如面积小、点数多、程度轻的混凝土蜂窝麻面、露筋等在施工规范允许范围内的缺陷，可通过后续工序进行修复。

（二）建设工程质量事故处理的验收

1. 检查验收

施工单位自检合格报验，按施工验收标准及有关规范的规定进行，结合监理人员的旁站、巡视和平行检验结果，依据质量事故技术处理方案设计要求，通过实际量测确定。

2. 必要的鉴定

凡涉及结构承载力等使用安全和其他重要性能的处理工作，均应做相应鉴定。

3. 验收结论

验收结论通常有以下两种：①事故已排除，可以继续施工。②隐患已消除，结构安全有保证。

对于短期内难以作出结论的，可提出进一步观测检验意见。对于处理后符合规定的，监理建设工程师应确认，并应注明责任方主要承担的经济责任。对经处理仍不能满足安全使用要求的分部建设工程，单位（子单位）建设工程，应拒绝验收。

三、建设工程质量事故处理及处理后的资料

（一）建设工程质量事故处理的资料

处理建设工程质量事故，必须分析原因，作出正确的处理决策，这就要以充分的、准确的有关资料作为决策的基础和依据，一般质量事故处理，必须具备以下资料：①与建设工程质量事故有关的施工图。②与建设工程施工有关的资料、记录。例如，建筑材料的试验报告，各种中间产品的检验记录和试验报告，以及施工记录等。③事故调查分析报告。④设计单位、施工单位、监理单位和建设单位对事故处理的意见和要求。

（二）质量事故处理后的资料

事故处理后，应由监理工程师提交事故处理报告，其内容包括以下几方面：①质量事故调查报告。②质量事故原因分析。③质量事故处理依据。④质量事故处理方案、方法及技术措施。⑤质量事故处理施工过程的各种原始记录资料。⑥质量事故检查验收记录。⑦质量事故结论等。

第五章　建设工程项目进度管理

第一节　建设工程项目进度管理概述

一、进度控制的概念

建设工程项目进度控制是指针对工程项目建设各阶段的工作内容、工作程序、持续时间和衔接关系，根据进度总目标及资源优化配置的原则编制计划并付诸实施，然后在进行的实施过程中经常检查实际进度是否按计划要求进行，对出现的偏差情况进行分析，采取补救措施或调整、修改原计划后再付诸实施，如此循环，直到建设工程竣工验收，交付使用。建设工程项目进度控制的最终目的是确保建设项目按预定的时间交付使用或提前交付使用，建设工程项目进度控制的总目标是建设工期。

由于在工程建设过程中存在着许多影响进度的因素，这些因素往往来自不同的部门和不同的时期，它们对建设工程进度产生着复杂的影响。因此，进度控制人员必须事先对影响建设工程进度的各种因素进行调查分析，预测它们对建设工程的影响程度，确定合理的进度控制目标，编制可行的进度计划，使工程建设工作始终按计划进行。

但是，不管进度计划的周密程度如何，其毕竟是人们的主观设想，在实施过程中，必然会因为新情况的产生、各种干扰因素和风险因素的作用而发生变化，使人们难以执行原定的进度计划。为此，进度控制人员必须掌握动态原理，在计划执行过程中不断检查建设工程实际进展情况，并将实际状况与计划进行对比，从中得出偏离计划的信息。然后在分析偏差及产生的原因基础上，通过采取组织、技术、经济等措施，维持原计划，使之能正常实施。如果采取措施后不能维持原计划，则需要对原计划进行调整或修正，再按新的进度实施。这样在进度计划的执行过程中进行不断地检查和调整，以保证建设工程进度得到有效控制。

二、影响进度的因素

建设工程具有规模庞大、工程结构与工艺技术复杂、建设周期长及相关单位多等特点，决定了建设工程进度将受到许多因素的影响。影响建设工程进度的不利因素有很多，如人为因素，技术因素，设备、材料及构配件因素，机具因素，资金因素，水文、地质与气象因素，以及其他自然与社会环境等方面的因素。其中，人为因素是最大的干扰因素。从产生的根源看，人为因素有的来源于建设单位及上级主管部门；有的来源于勘察设计、监理单位、施工及材料、设备供应单位；有的来源于政府、建设主管部门、有关协作单位和社会；有的来源于各种自然条件。在工程建设过程中，常见的影响因素如下：

（1）业主（建设单位）因素。常见的业主因素有提供的地质勘查资料、控制水准点、坐标点不准确或错误；提供的图纸不及时、不配套；依据客户的要求而进行的设计变更；提供的施工场地不能满足工程施工的正常需要；在主体混凝土浇筑时需要办理临时占道手续不及时；资金不足，不能及时向施工承包单位或材料供应商按合同约定支付工程款等。

（2）勘察设计单位因素。常见的勘察设计单位因素有勘察资料不正确，特别是地质资料错误或遗漏；设计内容不完善、规范应用不恰当、设计有缺陷或错误；设计对施工的可能性未考虑或考虑不周；施工图纸供应不及时、不配套，或出现重大差错；为项目设计配置的设计人员不合理，各专业之间缺乏协调配合，致使各专业之间出现设计矛盾；设计单位管理机构调整、人员调整，不能按要求及时解决在施工过程中出现的设计问题等。

（3）施工单位因素。常见的施工单位因素有施工单位管理水平低、经验不足，致使施工组织设计不合理、施工进度计划不合理、采用的施工方案不得当；施工人员资质、资格、经验、水平低，人数少，技术管理不足，不能看透图纸、通晓规范、熟悉图集，不能理解深层次的设计意图，致使对设计图纸产生歧义，形成质量缺陷；技术交底不到位，自检不到位，致使施工中存在质量缺陷且对质量缺陷的处理不及时；现场劳务承包单位素质较差或劳动力较少，或施工机械供应不足；材料供应不及时，材料的数量、型号及技术参数不能满足施工要求；施工现场安全防范不到位，安全隐患较多或出现安全事故；施工单位自有资金不足，或资金安排不合理，垫付能力差，无法支付相关费用等。

（4）监理单位因素。常见的监理单位因素有项目监理部监理人员的专业素质、工作经验较差，或监理人员人数较少，不能及时发现施工中存在的问题，不能及时协调解决施工中出现的问题，不能根据施工现场实际情况及时采取有效措施保证工程按计划施工等。

（5）材料设备因素。常见的材料设备因素有材料、构配件、机具、设备供应环节存在差错，品种、规格、质量、数量、时间等不能满足工程的需要；特殊材料及新材料使用不合理；施工设备不配套，选型失当，安装有误，有故障等。

（6）自然环境因素。常见的自然环境因素有复杂的地质工程条件，不明的水文气象条件，地下埋藏文物的保护、处理，洪水、地震、台风等不可抗力等。

（7）社会环境因素。常见的社会环境因素有临时停水、停电、断路，重大政治活动、社会活动、节假日、市容整顿、交通道路的限制等。

三、进度控制的方法、措施和任务

1. 进度控制的方法

进度控制的方法主要是规划、控制和协调。规划是指确定项目总进度控制目标和分进度控制目标，并编制其进度计划。控制是指在项目实施的全过程中，进行实际进度与施工计划进度的比较，出现偏差及时采取措施调整。协调是指疏通、优化与进度有关的单位、部门和工作队组之间的进度关系。

2. 进度控制的措施

进度控制采取的主要措施有组织措施、管理措施、经济措施和技术措施等。

组织措施主要是指在项目组织结构中应由专门的工作部门和符合进度控制岗位资格的专人负责进度控制工作；管理措施涉及管理的思想、管理的方法、管理的手段、承发包模式、合同管理和风险管理等；经济措施涉及资金需求计划、资金供应条件和经济激励措施等；技术措施涉及对实现进度目标有利的设计技术和施工技术的选用。（裘建娜，赵秀云，2020）

3. 进度控制的任务

业主方进度控制的任务是控制整个项目实施阶段的进度，包括控制设计准备阶段的工作进度、设计工作进度、施工进度、物资采购工作进度以及项目动用前准备阶段的工作进度。

（1）设计方进度控制的任务是依据设计任务委托合同对设计工作进度的要求控制设计工作和物资采购等工作进度相协调。在国际上，设计进度计划主要是确定各设计阶段的设计图纸（包括有关的说明）的出图计划，在出图计划中标明每张图纸的出图日期。

（2）施工方进度控制的任务是依据施工任务委托合同对施工进度的要求控制施工工作进度，这是施工方履行合同的义务。在进度计划编制方面，施工方应视项目的特点和施工进度控制的需要，编制深度不同的控制性和直接指导项目施工的进度计划，以及按不同计划周期编制的计划。

（3）供货方进度控制的任务是依据供货合同对供货的要求控制供货工作进度，这是供货方履行合同的义务。供货进度计划应包括供货的所有环节，如采购、加工制造、运输等。

第二节　建设工程项目进度计划系统

建设工程项目进度计划系统是由多个相互关联的进度计划组成的系统，是项目进度控制的依据。由于各种进度计划编制所需要的必要资料是在项目进展过程中逐步形成的，因此建设工程项目进度计划系统的建立和完善也有一个过程，它是逐步形成的。为了确保建设工程项目进度控制目标的实现，参与工程建设的各有关单位都要编制进度计划，并且控制这些进度计划的实施。建设工程进度控制计划体系主要包括建设单位的计划系统、监理单位的计划系统、设计单位的计划系统和施工单位的计划系统。

一、建设单位的进度计划系统

建设单位编制（也可委托监理单位编制）的进度计划包括建设工程项目前期工作计划、建设工程项目建设总进度计划和建设工程项目年度计划。

（一）建设工程项目前期工作计划

建设工程项目前期工作计划是指对建设工程项目可行性研究、项目评估及初步设计的工作进度安排。它可使建设工程项目前期决策阶段各项工作的时间得到控制。建设工程项目前期工作计划需要在预测的基础上编制。

（二）建设工程项目建设总进度计划

建设工程项目建设总进度计划是指初步设计被批准后，在编报建设工程项目年度计划之前，根据初步设计，对建设工程项目从开始建设（设计、施工准备）至竣工投产（交付使用）全过程的统一部署。建设工程项目建设总进度计划是编报工程建设年度计划的依据，其主要内容包括文字和表格两部分。

1. 文字部分

文字部分用于说明建设工程项目的概况和特点，安排建设总进度的原则和依据，建设投资来源和资金年度安排情况，技术设计、施工图设计、设备交付和施工力量进场时间的安排，道路、供电、供水等方面的协作配合及进度的衔接，计划中存在的主要问题及采取的措施，需要上级及有关部门解决的重大问题等。

2. 表格部分

（1）建设工程项目一览表。它将初步设计中确定的建设内容，按照单位工程归类并编号，明确其建设内容和投资额，以便各部门按统一的口径确定建设工程项目投资额，并以此为依据对其进行管理。

（2）建设工程项目总进度计划表。它是根据初步设计中确定的建设工期和工艺流程，具体安排单位工程的开工日期和竣工日期。

（3）投资计划年度分配表。它是根据建设工程项目建设总进度计划安排各个年度的投资，以便预测各个年度的投资规模，为筹集建设资金或银行签订借款合同及制定分年用款计划提供依据。

（4）建设工程项目进度平衡表。建设工程项目进度平衡表明确各种设计文件交付日期、主要设备交货日期、施工单位进场日期、水电及道路接通日期等，以保证工程建设中各个环节相互衔接，确保建设工程项目按期投产或交付使用。

在此基础上，可以分别编制综合进度控制计划、设计进度控制计划、采购进度控制计划、施工进度控制计划和验收投产进度计划等。

（三）建设工程项目年度计划

建设工程项目年度计划是依据建设工程项目建设总进度计划和批准的文件进行编制

的。该计划既要满足建设工程项目建设总进度计划的要求，又要与当年可能获得的资金、设备、材料、施工力量相适应。建设工程项目年度计划主要包括文字和表格两部分。

1. 文字部分

文字部分用于说明编制年度计划的依据和原则，建设进度、本年计划投资额及计划建造的建筑面积，施工图、设备、材料、施工力量等建设条件的落实情况，动力资源情况，对外部协作配合项目建设进度的安排和要求，需要上级主管部门协助解决的问题，计划中存在的其他问题，以及为完成计划而采取的各项措施等。

2. 表格部分

（1）年度计划项目表。它将确定年度施工项目的投资额和年末形象进度，并阐明建设条件（图纸、设备、材料、施工力量）的落实情况。

（2）年度竣工投产交付使用计划表。它将阐明各单位工程的建筑面积、投资额、新增固定资产、新增生产能力等建筑总规模及本年计划完成情况，并阐明其竣工日期。

（3）年度建设资金平衡表。

（4）年度设备平衡表。

二、监理单位的进度计划系统

监理单位除对被监理单位的进度计划进行监控外，自己也应编制有关进度计划，以便更有效地控制建设工程实施进度。

（一）监理总进度计划

在对建设工程实施全过程监理的情况下，监理总进度计划是依据建设工程项目可行性研究报告、建设工程项目前期工作计划和建设工程项目建设总进度计划编制的，其目的是对建设工程进度控制总目标进行规划，明确建设工程前期准备、设计、施工、动用前准备及项目动用等各个阶段的进度安排。

（二）监理总进度分解计划

1. 按工程进展阶段分解

按工程进展阶段分解包括设计准备阶段进度计划、设计阶段进度计划，施工阶段进度计划、动用前准备阶段进度计划。

2. 按时间分解

按工程进展阶段分解包括年度进度计划、季度进度计划、月度进度计划。

三、设计单位的进度计划系统

设计单位的进度计划系统包括设计总进度计划、阶段性设计进度计划和设计作业进度计划。

（一）设计总进度计划

设计总进度计划主要用来安排自设计准备开始至施工图设计完成的总设计时间内所包括的各阶段工作的开始时间和完成时间，从而确保设计进度控制总目标的实现。

（二）阶段性设计进度计划

阶段性设计进度计划包括设计准备工作进度计划、初步设计（技术设计）工作进度计划和施工图设计工作进度计划。这些计划是用来控制各阶段的设计进度，从而实现阶段性设计进度目标。在编制阶段性设计进度计划时，必须考虑设计总进度计划对各个设计阶段的时间要求。

（1）设计准备工作进度计划。设计准备工作进度计划一般要考虑规划设计条件的确定、设计基础资料的提供及委托设计等工作的时间安排。（武乾、高书华、周韬，2011）

（2）初步设计（技术设计）工作进度计划。初步设计（技术设计）工作进度计划要考虑方案设计、初步设计、技术设计、设计的分析评审、概算的编制、修正概算的编制以及设计文件审批等工作的时间安排，一般按单位工程编制。

（3）施工图设计工作进度计划。施工图设计工作进度计划主要考虑各单位工程的设计进度及其搭接关系。

（三）设计作业进度计划

为了控制各专业的设计进度，并为设计人员承包设计任务提供依据，应根据施工图设计工作进度计划、单位工程设计工日定额及所投入的设计人员数，编制设计作业进度计划。

四、施工单位的进度计划系统

施工单位的进度计划包括施工准备工作计划、施工总进度计划、单位工程施工进度计划及分部分项工程进度计划。

（一）施工准备工作计划

施工准备工作的主要任务是为建设工程的施工创造必要的技术和物资条件，统筹安排施工力量和施工现场。施工准备的工作内容通常包括技术准备、物资准备、劳动组织准备、施工现场准备和施工场外准备。为了落实各项施工准备工作，加强检查和监督，应根据各项施工准备工作的内容、时间和人员，编制施工准备工作计划。（田丽，马铭，2015）

（二）施工总进度计划

施工总进度计划是根据施工部署中施工方案和建设工程项目的开展程序，对全工地所有单位工程做出时间上的安排。其目的是确定各单位工程及全工地性工程的施工期限及开、竣工日期，进而确定施工现场劳动力、材料、成品、半成品、施工机械的需要数量和调配情况，以及现场临时设施的数量、水电供应量和能源、交通需求量。因此，科学、合理地编制施工总进度计划是保证整个建设工程按期交付使用、充分发挥投资效益、降低建设工程成本的重要条件。施工总进度计划应在施工组织总设计阶段编制完成。

1. 施工总进度计划的编制依据

（1）施工合同：包括合同工期、分期分批子工程的开、竣工日期，关于工期提前、延误、调整的约定以及标前施工组织设计。

（2）施工进度目标：为了追求保险的进度目标，企业领导可能有自己的施工进度目标，一般比合同目标更短。

（3）工期定额：通常是承发包双方签订的合同依据，在编制施工总进度计划时确定，一般比合同目标更短。

（4）有关技术资料：主要指设计文件，可供参考的施工档案资料（如类似工程的实际进度情况）、地质资料、环境资料、统计资料等。

（5）施工部署与主要工程施工方案。

2. 施工总进度计划的编制步骤

（1）收集编制依据。

（2）确定进度编制目标。应在充分研究经营策略的前提下，确定一个比合同工期和指令工期更积极、可靠（更短）的工期作为编制施工总进度计划的目标工期。

（3）计算工程量。

（4）确定各单位工程的施工期限和开、竣工日期。

（5）安排各单位工程的搭接关系。在不违背工艺关系（如设备安装与土建工程）的前提下，主要考虑资源平衡（如主要工种工人的连续作业）的需要，搭接越多，总工期越短。

（6）编制施工总进度计划表。首先，根据各单位工程（或单项工程）的工期与搭接关系，编制初步计划；其次，按照流水施工与综合平衡的要求，调整进度计划得出施工总进度计划；最后，依据总进度计划编制分期分批施工工程的开工日期、完工日期及工期一览表及资源需要量表等。

（7）编制说明书。其内容有施工总进度计划安排的总工期、工期提前率（与合同工期比较）、本计划的优缺点、本计划执行的重点和措施、有关责任的分配，以及施工高峰人数、平均人数及劳动力不均衡系数等。

（三）单位工程施工进度计划

单位工程施工进度计划是在既定施工方案的基础上，根据规定的工期和各种资源供应条件，遵循各施工过程的合理施工顺序，对单位工程中的各施工过程做出时间和空间上的安排，并以此为依据，确定施工作业所必需的劳动力、施工机具和材料供应计划。因此，合理安排单位工程施工进度，是保证在规定工期内完成符合质量要求的工程任务的重要前提，同时为编制各种资源需要量计划和施工准备工作计划提供依据。

1. 单位工程施工进度计划的编制依据

（1）项目管理目标责任。

（2）施工总进度计划。

（3）施工方案。

（4）主要材料和设备的供应能力。

（5）施工人员的技术素质及劳动效率。

（6）施工现场条件、气候条件和环境条件。

（7）已建成的同类工程实际进度及经济指标。

2. 单位工程施工进度计划的编制步骤

（1）熟悉图样和有关资料，调查施工条件。

（2）施工过程项目划分。要注意施工过程的粗细程度，原则上应尽量减少施工过程的数目，能合并的项目尽量合并，关键是找到工作量大、工作持续时间长的主导施工过程，施工过程应与施工方法一致。

（3）编排合理的施工顺序。

（4）计算各施工过程的工程量。

（5）确定劳动量和机械需要量。

（6）确定工程分项工作持续时间。其计算方法分为三种：定额计算法、经验估算法和倒排计划法。

（7）编制施工进度计划图（表）。应优先使用网络图，有时也可使用横道图。

（8）编制劳动力和物资等资源计划。

（四）分部分项工程进度计划

分部分项工程进度计划是针对工程量较大或施工技术比较复杂的分部分项工程，在依据工程具体情况所制定的施工方案基础上，对其各施工过程所做出的时间安排。例如，大型基础土方工程、复杂的基础加固工程、大体积混凝土工程、大型桩基工程、大面积预制构件吊装工程等，均应编制详细的进度计划，以保证单位工程施工进度计划的顺利实施。

此外，为了有效地控制建设工程施工进度，施工单位还应编制年度施工计划、季度施工计划和月（旬）作业计划，将施工进度计划逐层细化，形成一个旬保月、月保季、季保年的计划体系。

建设工程项目进度计划的表示方法有多种，常用的有横道图和网络图两种表示方法。

第三节　流水施工基本原理

流水施工是一种科学、有效的建设工程项目施工组织方法，它可以充分地利用工作时间和操作空间，减少非生产性劳动消耗，提高劳动生产率，保证工程施工连续、均衡、有节奏地进行，从而对提高工程质量、降低工程造价、缩短工期有着显著的作用。

一、组织施工的方式

考虑建设工程项目的施工特点、工艺流程、资源利用、平面或空间布置等要求，施工方式可以采用依次、平行、流水等施工组织方式。

（一）依次施工

依次施工方式是将建设工程项目中的每一个施工对象分解为若干个施工过程，按施工工艺要求依次完成每一个施工过程；当一个施工对象完成后，再按同样的顺序完成下一个施工对象，依此类推，直至完成所有施工对象。依次施工方式具有以下特点。

（1）没有充分地利用工作面进行施工，工期长。

（2）如果按专业成立工作队，则各专业队不能连续作业，有时间间歇，劳动力及施工机具等资源无法均衡使用。

（3）如果由一个工作队完成全部施工任务，则不能实现专业化施工，不利于提高劳动生产率和工程质量。

（4）单位时间内投入的劳动力、施工机具、材料等资源量较少，有利于资源供应的组织。

（5）施工现场的组织、管理比较简单。

（二）平行施工

平行施工方式是组织几个劳动组织相同的工作队，在同一时间、不同的空间，按施工工艺要求并行完成各施工对象。平行施工方式具有以下特点。

（1）充分地利用工作面进行施工，工期短。

（2）如果每一个施工对象均按专业成立工作队，则各专业队不能连续作业，劳动力及施工机具等资源无法均衡使用。

（3）如果由一个工作队完成一个施工对象的全部施工任务，则不能实现专业化施工，不利于提高劳动生产率和工程质量。

（4）单位时间内投入的劳动力、施工机具、材料等资源量成倍地增加，不利于资源供应的组织。

（5）施工现场的组织、管理比较复杂。

（三）流水施工

流水施工方式是将建设工程项目中的每一个施工对象分解为若干个施工过程，并按照施工过程成立相应的专业工作队，各专业队按照施工顺序依次完成各个施工对象的施工过程，同时保证施工在时间和空间上连续、均衡和有节奏地进行，使相邻两专业队能最大限度地搭接作业。流水施工方式具有以下特点。

（1）尽可能地利用工作面进行施工，工期比较短。

（2）各工作队实现了专业化施工，有利于提高技术水平和劳动生产率，也有利于提高工程质量。

（3）专业工作队能够连续施工，同时使相邻专业队的开工时间能够最大限度地搭接。

（4）单位时间内投入的劳动力、施工机具、材料等资源量较为均衡，有利于资源供应的组织。

（5）为施工现场的文明施工和科学管理创造了有利条件。

二、流水施工参数

流水施工参数包括工艺参数、空间参数和时间参数。

（一）工艺参数

工艺参数主要是指在组织流水施工时，用以表达流水施工在施工工艺方面进展状态的参数，通常包括施工过程和流水强度两个参数。

（1）施工过程。组织建设工程流水施工时，根据施工组织及计划安排需要而将计划任务划分成的子项，称为施工过程。施工过程的数目一般用 n 表示，它是流水施工的主要参数之一。

（2）流水强度。流水强度是指流水施工的某施工过程（队）在单位时间内所完成的工程量，也称为流水能力或生产能力。

（二）空间参数

空间参数是指在组织流水施工时，用以表达流水施工在空间布置上开展状态的参数，通常包括工作面和施工段。

（1）工作面。工作面是指供某专业工种的工人或某种施工机械进行施工的活动空间。

（2）施工段。将施工对象在平面或空间上划分成若干个劳动量大致相等的施工段落，称为施工段或流水段。施工段的数目一般用 m 表示，它是流水施工的主要参数之一。当有层间关系（即拟建过程有分层有分段）时，为使各施工队（班组）能连续施工，每层的施工段数应满足下列要求：$m \geq n$ 或 $m \geq \sum b_i$（b_i 为第 i 个施工过程的施工队数）。

（三）时间参数

时间参数是指在组织流水施工时，用以表达流水施工在时间安排上所处状态的参数，主要包括流水节拍、流水步距、流水施工工期、间歇时间和搭接时间五个参数。

（1）流水节拍。流水节拍是指在组织流水施工时，某个专业工作队在一个施工段上的施工时间。流水节拍第 i 个专业工作队在第 j 个施工段的流水节拍一般用 t_{ij} 表示 $\left(i=1,2,\cdots,n;j=1,2,\cdots,m\right)$，它是流水施工的主要参数之一。

（2）流水步距。流水步距是指组织流水施工时，相邻两个施工过程（或专业工作队）相继开始施工的最小间隔时间。流水步距一般用 K 表示，流水步距的个数为 $n-1$ 个，它是流水施工的主要参数之一。

（3）流水施工工期。流水施工工期是指从第一个专业工作队投入流水施工开始，到最后一个专业工作队完成流水施工为止的整个持续时间。

（4）间歇时间。间歇时间是指相邻两个施工过程之间由于工艺或组织安排需要而增加的额外等待时间，包括工艺间歇时间（G）和组织间歇时间（Z）。

（5）搭接时间。搭接时间是指相邻两个专业工作队伍在同一施工段上共同作业的时间，一般用 D 表示。

三、流水施工的基本方式

在流水施工中，由于流水节拍的规律不同，决定了流水步距、流水施工工期的计算方法等也不同，甚至影响到各个施工过程的专业工作队数目。因此，按照流水节拍的特征划分，流水施工分为固定节拍流水施工、成倍节拍流水施工（一般的成倍节拍流水施工、加快的成倍节拍流水施工）、非节奏流水施工。固定节拍流水施工、成倍节拍流水施工均为有节奏流水施工。

（一）固定节拍流水施工

固定节拍流水施工是一种最理想的流水施工方式。固定节拍流水施工的特点如下：

（1）所有施工过程在各个施工段上的流水节拍均相等。

（2）相邻施工过程的流水步距相等，且等于流水节拍。

（3）专业工作队数等于施工过程数，即每一个施工过程成立一个专业工作队，由该队完成相应施工过程所有施工段上的任务。

（4）各个专业工作队在各施工段上能够连续作业，施工段之间没有空闲时间。

（二）成倍节拍流水施工

在通常情况下，组织固定节拍的流水施工是比较困难的。因为在任一施工段上，不同的施工过程，其复杂程度不同，影响流水节拍的因素也各不相同，很难使各个施工过程的流水节拍都彼此相等。但是，如果施工段划分得合适，保持同一施工过程各施工段的流水节拍相等是不难实现的，使某些施工过程的流水节拍成为其他施工过程流水节拍的倍数，即形成成倍节拍流水施工。成倍节拍流水施工包括一般的成倍节拍流水施工和加快的成倍节拍流水施工。为了缩短流水施工工期，一般均采用加快的成倍节拍流水施工方式。

加快的成倍节拍流水施工的特点如下：

（1）同一施工过程在其各个施工段上的流水节拍均相等；不同施工过程的流水节拍不等，但其值为倍数关系。

（2）相邻施工过程的流水步距相等，且等于流水节拍的最大公约数（K）。

（3）专业工作队数大于施工过程数，即有的施工过程只成立一个专业工作队，而对于流水节拍大的施工过程，可按其倍数增加相应专业工作队数目。

（4）各个专业工作队在施工段上能够连续作业，施工段之间没有空闲时间。

（三）非节奏流水施工

1. 非节奏流水施工特点

（1）各施工过程在各施工段的流水节拍不全相等。

（2）相邻施工过程的流水步距不尽相等。

（3）专业工作队数等于施工过程数。

（4）各专业工作队能够在施工段上连续作业，但有的施工段之间可能有空闲时间。

2. 流水步距的确定

在非节奏流水施工中，通常采用累加数列错位相减取大差法计算流水步距。累加数列错位相减取大差法的基本步骤如下。

（1）对每一个施工过程在各施工段上的流水节拍依次累加，求得各施工过程流水节拍的累加数列。

（2）将相邻施工过程流水节拍累加数列中的后者后移一位，相减后求得一个差数列。

（3）在差数列中取最大值，即为这两个相邻施工过程的流水步距。

第四节　网络计划技术

随着计算机技术在工程建设领域的广泛应用，同横道图相比，网络计划技术更加显现出它的优越性。网络计划是指用网络图表达任务构成、工作顺序并加注工作时间参数的进度计划，是表达网络计划的基本工具和手段，是网络计划的具体体现形式。网络图是由箭线和节点组成的，用来表示工作流程的有向、有序的网状图形。按照表示工作的符号不同，网络图分为双代号（箭线式）和单代号（节点式）网络图两种。

一、双代号网络计划

双代号网络图又称箭线式网络图，它是以箭线及其两端节点的编号表示工作，同时，节点表示工作的开始或结束以及工作之间的连接状态。在双代号网络图中，有时存在虚箭线，虚箭线不代表实际工作，称为虚工作。虚工作既不消耗时间，也不消耗资源。虚工作主要用来表示相邻两项工作之间的逻辑关系。但有时为了避免两项同时开始、同时进行的工作具有相同的开始节点和完成节点，也需要用虚工作加以区分。

（一）双代号网络图的绘图规则

（1）必须正确反映各工作间的逻辑关系。各工作间的逻辑关系，既包括客观上的由工艺所决定的工作上的先后顺序关系，也包括施工组织所要求的工作之间相互制约、相互依赖的关系。逻辑关系表达得是否正确，是网络图能否反映工程实际情况的关键，而且逻辑关系出错，图中各项工作参数的计算以及关键线路和工程工期都将随之发生错误。

（2）不得有两个或两个以上的箭线从同一节点出发且同时指向同一节点。表达工作之间平行的关系时，可以增加虚工作来表达它们之间的关系。

（3）严禁出现循环回路。

（4）网络图中不允许出现双向箭线和无箭头箭线。

（5）严禁出现没有箭尾节点的箭线和没有箭头节点的箭线。表达工作之间的搭接关系时不允许从箭线中间引出或引入另一条箭线。

（6）可采用母线法绘制。当网络图的某节点有多条引出箭线或有多条箭线同时指向某节点时，为使图形简洁，可采用母线法绘图。

（7）避免箭线交叉。当交叉不可避免时，可用过桥法或断线法表示。

（8）网络图应只有一个起点节点和一个终点节点。

（9）网络图中节点编号自左向右，由小到大，并且所有的节点的编号不得重复。网络图中的节点都必须有编号，其编号严禁重复，并应使每一条箭线上箭尾节点编号小于箭头节点编号。在双代号网络图中，一项工作必须有唯一的一条箭线和相应的一对不重复出现的箭尾、箭头节点编号。因此，一项工作的名称可以用其箭尾和箭头节点编号来表示。

（二）双代号网络计划时间参数的计算

时间参数是指网络计划、工作及节点所具有的各种时间值。

双代号网络计划时间参数的计算目的在于通过计算各项工作的时间参数，确定网络计划的关键工作、关键线路和计算工期，为网络计划的优化、调整和执行提供明确的时间参数。

双代号网络计划的时间参数既可以按工作计算，也可以按节点计算。下面只介绍按工作计算法在图上进行计算的方法。

按工作计算法就是以网络计划中的工作为对象，直接计算各项工作的时间参数。这些时间参数包括工作的最早开始时间和最早完成时间、工作的最迟开始时间和最迟完成时间、工作的总时差和自由时差。此外，还应计算网络计划的计算工期。

工作最早开始时间和最早完成时间的计算应从网络计划的起点节点开始，顺着箭线方向依次进行。

（三）确定关键工作和关键线路

在网络计划中，总时差最小的工作为关键工作。特别当网络计划的计划工期等于计算工期时，总时差为零的工作就是关键工作。

找出关键工作之后，将这些关键工作首尾相连，便构成从起点节点到终点节点的通路，位于该通路上各项工作的持续时间总和最大，这条通路就是关键线路。网络计划中的关键线路可能不止一条，在关键线路上可能有虚工作存在。

在网络计划中，关键线路可以用粗箭线或双箭线标出，也可以用彩色箭线标出。关键线路上各项工作的持续时间总和应等于网络计划的计算工期，这一特点也是判别关键线路是否正确的准则。

二、双代号时标网络计划

双代号时标网络计划是以时间坐标为尺度编制的网络计划，时标网络计划中应以实箭线表示工作，以虚箭线表示虚工作，以波形线表示工作的自由时差。

（一）双代号时标网络计划的特点

双代号时标网络计划是以水平时间坐标为尺度编制的双代号网络计划，其主要特点如下。

（1）时标网络计划兼有网络计划与横道计划的优点，能够清楚地表明计划的时间进程，使用方便。

（2）时标网络计划能在图上直接显示出各项工作的开始与完成时间、工作的自由时差及关键线路。

（3）在时标网络计划中可以统计每一个单位时间对资源的需要量，以便进行资源优化和调整。

（4）由于箭线受到时间坐标的限制，当情况发生变化时，对网络计划的修改比较麻烦，往往要重新绘图。但在使用计算机以后，这一问题已较容易解决。

（二）双代号时标网络计划的一般规定

（1）双代号时标网络计划必须以水平时间坐标为尺度表示工作时间。时标的时间单位应根据需要在编制网络计划之前确定，可为小时、天、周、月或季。

（2）时标网络计划中所有符号在时间坐标上的水平投影位置，都必须与其时间参数相对应。节点中心必须对准相应的时标位置。

（3）时标网络计划中虚工作必须以垂直方向的虚箭线表示，有自由时差时加波形线表示。

（三）时标网络计划的编制

时标网络计划宜按各个工作的最早开始时间编制。在编制时标网络计划之前，应先按已确定的时间单位绘制出时标计划表。

1. 间接法绘制

先绘制出时标网络计划，计算各工作的最早时间参数，再根据最早时间参数在时标计划表上确定节点位置，连线完成，某些工作箭线长度不足以到达该工作的完成节点时，用波形线补足。

2. 直接法绘制

根据网络计划中工作之间的逻辑关系及各工作的持续时间，直接在时标计划表上绘制时标网络计划。绘制步骤如下。

（1）将起点节点定位在时标表的起始刻度线上。

（2）按工作持续时间在时标计划表上绘制起点节点的外向箭线。

（3）其他工作的开始节点必须在其所有紧前工作都绘出以后，定位在这些紧前工作最早完成时间最大值的时间刻度上，某些工作的箭线长度不足以到达该节点时，用波形线补足，箭头画在波形线与节点连接处。

（4）用上述方法从左至右依次确定其他节点位置，直至网络计划终点节点定位，绘图完成。

在计算工期等于计划工期的前提下，关键线路上工作的总时差和自由时差全部为零。

（四）关键线路和时间参数的确定

（1）时标网络计划关键线路的确定，应自终点节点逆箭线方向朝起点节点观察，自始至终不出现波形线的线路为关键线路。

（2）时标网络计划的计算工期，应是其终点节点与起点节点所在位置的时标值之差。

（3）按最早时间绘制的时标网络计划，每条箭线箭尾和箭头所对应的时标值应为该工作的最早开始时间和最早完成时间。

（4）时标网络计划中工作的自由时差值应为表示该工作的箭线中波形线部分在坐标轴上的水平投影长度。

（5）时标网络计划中工作的总时差的计算应自右向左进行，从终点节点开始，逆着箭线方向依次进行。

三、网络计划优化

网络计划优化是在一定的约束条件下，按既定目标对网络计划进行不断检查、评价、调整和完善的过程。根据优化目标的不同，网络计划有工期优化、费用优化和资源优化三种。

（一）工期优化

工期优化是指网络计划的计算工期不满足要求工期时，通过压缩关键工作的持续时间以满足要求工期目标的过程。

工期优化的步骤和方法如下。

（1）找出网络计划中的关键线路并求出计算工期。一般可用标号法和破圈法确定出关键线路及计算工期。

（2）按要求工期计算应缩短的时间（ΔT）。应缩短的时间等于计算工期与要求工期之差，即

$$\Delta T = T_{\mathrm{c}} - T_{\mathrm{r}}$$

（3）选择应优先缩短持续时间的关键工作（或一组关键工作），选择时应考虑下列因素。①缩短持续时间对质量和安全影响不大的工作。②有充足备用资源的工作。③缩短持续时间所需增加的费用最少的工作。

（4）将应优先缩短的关键工作压缩至最短持续时间，并找出关键线路。若被压缩的关键工作变成了非关键工作，则应将其持续时间再适当延长，使之仍为关键工作。

（5）若计算工期仍超过要求工期，则重复以上步骤，直到满足工期要求或工期不能再缩短为止。

（6）当所有关键工作或部分关键工作已达最短持续时间而寻求不到继续压缩工期的方案，但工期仍不能满足要求工期时，应对网络计划的原技术方案、组织方案进行调整，或对要求工期重新审定。

（二）费用优化

费用优化又称工期成本优化，是指寻求工程总成本最低时的工期安排，或按要求工期寻求最低成本的计划安排的过程。

在建设工程施工过程中，完成一项工作通常可以采用多种施工方法和组织方法，而不同的施工方法和组织方法，又会有不同的持续时间和费用。由于一项建设工程往往包含许多工作，所以在安排建设工程进度计划时，就会出现许多方案。进度方案不同，所对应的总工期和总费用也就不同。为了能从多种方案中找出总成本最低的方案，必须首先分析费用和时间之间的关系。

（1）工程费用与工期的关系。工程总费用由直接费和间接费组成。直接费由人工费、材料费、机械使用费及措施费等组成。施工方案不同，直接费也就不同，如果施工方案一定，工期不同，直接费也不同。直接费会随着工期的缩短而增加。间接费包括企业经营管理的全部费用，它一般会随着工期的缩短而减少。在考虑工程总费用时，还应考虑工期变化带来的其他损益，包括效益增量和资金的时间价值等。

（2）工作直接费与持续时间的关系。由于网络计划的工期取决于关键工作的持续

时间，为了进行工期成本优化，必须分析网络计划中各项工作的直接费与持续时间之间的关系，它是网络计划工期成本优化的基础。

工作的直接费与持续时间之间的关系类似于工程直接费与工期之间的关系，工作的直接费随着持续时间的缩短而增加。为简化计算，工作的直接费与持续时间之间的关系被近似地认为是一条直线关系。当工作划分不是很粗时，其计算结果还是比较精确的。

工作的持续时间因缩短单位时间而增加的直接费称为直接费用率。工作的直接费用率越大，说明将该工作的持续时间缩短一个时间单位，所需增加的直接费就越多；反之，将该工作的持续时间缩短一个时间单位，所需增加的直接费就越少。因此，在压缩关键工作的持续时间以达到缩短工期的目的时，应将直接费用率最小的关键工作作为压缩对象。当有多条关键线路出现而需要同时压缩多个关键工作的持续时间时，应将它们的直接费用率之和（组合直接费用率）最小者作为压缩对象。

（三）资源优化

资源是指为了完成一项计划任务所需投入的人力、材料、机械设备和资金等。完成一项工程任务所需要的资源量基本上是不变的，不可能通过资源优化将其减少。资源优化的目的是通过改变工作的开始时间和完成时间，使资源按照时间的分布符合优化目标。

在通常情况下，网络计划的资源优化分为两种，即“资源有限，工期最短”的优化和“工期固定，资源均衡”的优化。前者是通过调整计划安排，在满足资源限制条件下，使工期延长最少的过程；而后者是通过调整计划安排，在工期保持不变的条件下，使资源需用量尽可能均衡的过程。这里所讲的资源优化，其前提条件如下。

（1）在优化过程中，不改变网络计划中各项工作之间的逻辑关系。

（2）在优化过程中，不改变网络计划中各项工作的持续时间。

（3）网络计划中各项工作的资源强度（单位时间所需资源数量）为常数，而且是合理的。

（4）除规定可中断的工作外，一般不允许中断工作，应保持其连续性。

第五节　计划实施中的检查与调整

确定建设工程进度目标，编制一个科学、合理的进度计划是实现进度控制的首要前提。但是在建设工程项目的实施过程中，由于外部环境和条件的变化，进度计划的编制者很难事先对项目在实施过程中可能出现的问题进行全面的估计。气候的变化、不可预见事件的发生以及其他条件的变化均会对工程进度计划的实施产生影响，从而造成实际进度偏离计划进度，如果事件进度与计划进度的偏差得不到及时纠正，势必影响进度总目标的实现。

为此，在进度计划的执行过程中，必须采取有效的监测手段对进度计划的实施过程进行监控，以便及时发现问题，并运用行之有效的进度调整方法来解决问题。

一、实际进度的检查

在项目的实施过程中，为了进行进度控制，进度控制人员应经常地、定期地跟踪检查实际进度情况，主要是收集项目进度材料，进行统计整理和对比分析，确定实际进度与计划进度之间的关系。进度检查的主要工作内容包括以下三个方面。

（1）跟踪检查实际进度。其主要工作是定期收集反映实际工程进度的有关数据。收集数据的方式：一是经常定期地收集进度报表资料；二是进行现场实地检查进度计划的实际执行情况；三是定期召开现场会议。

（2）整理统计检查数据。整理、统计和分析收集到的数据，形成与计划进度具有可比的数据。

（3）进行实际进度与计划进度的比较。通过表格和图形的比较，从而得出的实际进度比计划进度相一致、超前、拖后三种情况。

二、实际进度检查的方法

实际进度检查的方法即实际进度与计划进度比较的方法，常用的有横道图比较法、S形曲线比较法、香蕉形曲线比较法、前锋线比较法和列表比较法。

（一）横道图比较法

横道图比较法是指将在项目实施中检查实际进度收集的信息，经整理后直接用横道线并列标于原计划的横道线处，进行直观比较的方法。采用横道图比较法，可以形象、直观地反映实际进度与计划进度的比较情况。

根据建设工程项目中各项工作的进展是否匀速，可分别采用以下两种方法进行实际进度与计划进度的比较。

1. 匀速进展横道图比较法

匀速进展是指在建设工程项目中，每项工作的进展速度都是匀速的，即在单位时间内完成的任务量都是相等的，累计完成的任务量与时间呈直线变化。完成的任务量可以用实物工程量、劳动消耗量或费用支出表示。为了便于比较，通常用上述物理量的百分比表示。

匀速进展横道图比较法的步骤如下：

（1）编制横道图进度计划。

（2）在进度计划上标出检查日期。

（3）将检查收集的实际进度数据经加工整理后按比例用涂黑的粗线标于计划进度线的下方。

（4）比较分析实际进度与计划进度：①涂黑的粗线右端与检查日期相重合，表明实际进度与施工计划进度相一致。②涂黑的粗线右端在检查日期左侧，表明实际进度拖后。

③涂黑的粗线右端在检查日期右侧，表明实际进度超前。

该方法只适用于工作从开始到完成的整个过程中，在施工速度不变的情况，其累计完成的任务量与时间成正比。若工作的施工速度是变化的，则这种方法不能用于工作的实际进度与计划进度之间的比较。

2. 非匀速进展横道图比较法

当工作在不同的单位时间里的进展速度不同时，可以采用非匀速进展横道图比较法。该方法在表示工作实际进度的涂黑粗线的同时，标出其对应时刻完成任务的累计百分比，将该百分比与其同时刻计划完成任务的累计百分比相比较，判断工作的实际进度与计划进度之间的关系。

非匀速进展横道图比较法的步骤如下：

（1）编制横道图进度计划。

（2）在横道线上方标出各主要时间工作的计划完成任务累计百分比。

（3）在横道线下方标出相应日期工作的实际完成任务累计百分比。

（4）用涂黑粗线标出实际进度线，由开工日标起，同时反映出实施过程中时间的连续与间断情况。

（5）对照横道线上方计划完成任务累计量与同时刻的下方实际完成任务累计量，比较出实际进度与计划进度的偏差，可能有三种情况：①同一时刻上下两个累计百分比相等，表明实际进度与计划进度一致。②同一时刻上面的累计百分比大于下面的累计百分比，表明该时刻实际进度拖后，拖后的量为二者之差。③同一时刻上面的累计百分比小于下面的累计百分比，表明该时刻实际进度超前，超前的量为二者之差。

可以看出，由于工作的进展速度是变化的，因此横道图中的进度横线（不管计划的还是实际的）都只表示工作的开始时间、持续天数和完成的时间，并不表示计划完成量和实际完成量，这两个量分别通过标注在横道线上方及下方的累计百分比数量表示。实际进度的涂黑粗线是从实际工程的开始日期划起，若工作实际施工间断，也可在图中将涂黑粗线做相应的空白。

（二）S 形曲线比较法

S 形曲线比较法是以横坐标表示时间，以纵坐标表示累计完成任务量，绘制一条按计划时间累计完成任务量的 S 形曲线，然后将建设工程项目实施过程中各检查时间实际累计完成任务量的 S 形曲线也绘制在同一坐标系中，进行实际进度与计划进度比较的一种方法。

从整个建设工程项目实际进展全过程看，单位时间投入的资源量一般是开始和结束时较少，中间阶段较多。与其相对应，单位时间完成的任务量也呈同样的变化规律，而随着工程进展累计完成的任务量则应呈 S 形变化。由于其形似英文字母“S”，因此而得名。

S 形曲线的绘制方法：

（1）确定单位时间计划完成任务量。

（2）计算不同时间累计完成任务量。

（3）根据累计完成任务量绘制S形曲线。

（三）香蕉形曲线比较法

香蕉形曲线是由两条S形曲线组合而成的闭合曲线。由S形曲线比较法可知，建设工程项目累计完成的任务量与计划时间的关系，可以用一条S形曲线表示。对于一个建设工程项目的网络计划来说，如果以其中各项工作的最早开始时间安排进度而绘制S形曲线，称为ES曲线；如果以其中各项工作的最迟开始时间安排进度而绘制S形曲线，称为LS曲线。两条S形曲线具有相同的起点和终点，因此，两条曲线是闭合的。在一般情况下，ES曲线上的其余各点均落在LS曲线的相应点的左侧。由于该闭合曲线形似“香蕉”，故称为香蕉形曲线。

1. 香蕉形曲线比较法的作用

香蕉形曲线比较法能直观地反映建设工程项目的实际进展情况，并可以获得比S形曲线更多的信息。其主要作用如下：

（1）合理安排建设工程项目进度计划。如果建设工程项目中的各项工作均按其最早开始时间安排进度，将导致项目的成本增加；而如果各项工作都按其最迟开始时间安排进度，则一旦受到进度影响因素的干扰，又将导致工期拖延，使工程进度风险加大。因此，一个科学合理的进度计划优化曲线应处于香蕉形曲线所包络的区域之内。

（2）定期比较建设工程项目的实际进度与计划进度。在建设工程项目的实施过程中，根据每次检查收集到的实际完成任务量，绘制出实际进度S形曲线，便可以与计划进度进行比较。建设工程项目实施进度的理想状态是任一时刻工程实际进展点应落在香蕉形曲线图的范围之内。

（3）预测后期工程进展趋势。利用香蕉形曲线可以对后期工程的进展情况进行预测。

2. 香蕉形曲线的绘制方法

香蕉形曲线的绘制方法与S形曲线的绘制方法基本相同，所不同之处在于香蕉形曲线是由根据工作按最早开始时间安排进度和按最迟开始时间安排进度分别绘制的两条S形曲线组合而成。其绘制步骤如下：

（1）以建设工程项目的网络计划为基础，计算各项工作的最早开始时间和最迟开始时间。

（2）确定各项工作在各单位时间的计划完成任务量，分别按以下两种情况考虑：①根据各项工作按最早开始时间安排的进度计划，确定各项工作在各单位时间的计划完成任务量。②根据各项工作按最迟开始时间安排的进度计划，确定各项工作在各单位时间的计划完成任务量。③计算建设工程项目总任务量，即对所有工作在各单位时间计划完成的任务量累加求和。④分别根据各项工作按最早开始时间、最迟开始时间安排的进度计划，确定建设工程项目在各单位时间计划完成的任务量，即对各项工作在某一单位时间内计划完成的任务量求和。

（3）分别根据各项工作按最早开始时间、最迟开始时间安排的进度计划，确定不同时间累计完成的任务量或任务量的百分比。

（4）绘制香蕉形曲线。分别根据各项工作按最早开始时间、最迟开始时间安排的进度计划而确定的累计完成任务量或任务量的百分比描绘各点。

在建设工程项目实施过程中，根据检查得到的实际累计完成任务量，按同样的方法在原计划香蕉形曲线图上绘出实际进度曲线，便可以进行实际进度与计划进度的比较。

（四）前锋线比较法

前锋线比较法是通过绘制某检查时刻建设工程项目实际进度前锋线，进行工程实际进度与计划进度比较的方法。它主要适用于时标网络计划。前锋线是指在原时标网络计划上，从检查时刻的时标点出发，用点划线依次将各项工作实际进展位置点连接而成的折线。前锋线比较法就是通过实际进度前锋线与原进度计划中各工作箭线交点的位置来判断工作实际进度与计划进度的偏差，进而判定该偏差对后续工作及总工期影响程度的一种方法。采用前锋线比较法对实际进度与计划进度进行比较，其步骤如下：

（1）绘制时标网络计划图。建设工程项目实际进度前锋线在时标网络计划图上标示，为清楚起见，可在时标网络计划图的上方和下方各设一时间坐标。

（2）绘制实际进度前锋线。一般从时标网络计划图上方时间坐标的检查日期开始绘制，依次连接相邻工作的实际进展位置点，最后与时标网络计划图下方坐标的检查日期相连接。

工作实际进展位置点的标定方法有两种：一种是按该工作已完任务量比例进行标定，另一种是按尚需作业时间进行标定。

（3）实际进度与计划进度的比较。前锋线可以直观地反映出检查日期有关工作实际进度与计划进度之间的关系。对于某项工作而言，其实际进度与计划进度之间的关系可能存在以下三种情况：①工作实际进展位置点落在检查日期的左侧，表明该工作实际进度拖后，拖后的时间为二者之差。②工作实际进展位置点与检查日期重合，表明该工作实际进度与计划进度一致。③工作实际进展位置点落在检查日期的右侧，表明该工作实际进度超前，超前的时间为二者之差。

（4）预测进度偏差对后续工作及总工期的影响。通过实际进度与计划进度的比较确定进度偏差后，还可根据工作的自由时差和总时差预测该进度偏差对后续工作及项目总工期的影响。

由此可见，前锋线比较法既适用于工作实际进度与计划进度之间的局部比较，又可用来分析和预测建设工程项目整体进度状况。

值得注意的是，以上比较是针对匀速进展的工作。对于非匀速进展的工作，比较方法较复杂，此处不赘述。

（五）列表比较法

当工程进度计划用非时标网络图表示时，可以采用列表比较法对实际进度与计划进度进行比较。这种方法是记录检查日期应该进行的工作名称及其已经作业的时间，然后列表计算有关时间参数，并根据原有总时差和尚有总时差对实际进度与计划进度进行比较的方法。

采用列表比较法对实际进度与计划进度进行比较，其步骤如下：

（1）计算工作最迟完成时间。

（2）对于实际进度检查日期应该进行的工作，根据已经作业的时间，确定其尚需作业时间。

（3）计算检查日期应该进行的工作从检查日期到原计划最迟完成时间尚余时间。

（4）计算工作尚有总时差，其值等于工作从检查日期到原计划最迟完成时间尚余时间与该工作尚需作业时间之差。

（5）比较实际进度与计划进度，可能有以下几种情况：①若工作尚有总时差与原有总时差相等，说明该工作的实际进度与计划进度一致，进度正常。②若工作尚有总时差大于原有总时差，说明该工作的实际进度超前，超前的时间为二者之差。③若工作尚有总时差小于原有总时差，但仍为正值，说明该工作的实际进度比计划进度拖后，产生偏差值为二者之差，但不影响总工期。④若工作尚有总时差小于原有总时差，且为负值，说明该工作对总工期有影响，影响的时间为尚有总时差的绝对值，应当调整。

三、进度计划实施中的调整

（一）分析进度偏差对后续工作及总工期的影响

在建设工程项目实施过程中，当通过实际进度与计划进度的比较，发现有进度偏差时，需要分析该偏差对后续工作及总工期的影响，从而采取相应的调整措施对原进度计划进行调整，以确保工期目标的顺利实现。进度偏差的大小及其所处的位置不同，对后续工作和总工期的影响程度是不同的，分析时需要利用网络计划中工作总时差和自由时差的概念进行判断。其分析步骤如下：

（1）分析出现进度偏差的工作是否为关键工作。如果出现进度偏差的工作位于关键线路上，即该工作为关键工作，则无论其偏差有多大，都将对后续工作和总工期产生影响，必须采取相应的调整措施；如果出现偏差的工作是非关键工作，则需要根据进度偏差值与总时差和自由时差的关系作进一步分析。

（2）分析进度偏差是否超过总时差。如果工作的进度偏差大于该工作的总时差，则此进度偏差必将影响其后续工作和总工期，必须采取相应的调整措施；如果工作的进度偏差未超过该工作的总时差，则此进度偏差不影响总工期。至于对后续工作的影响程度，还需要根据偏差值与其自由时差的关系作进一步分析。

（3）分析进度偏差是否超过自由时差。如果工作的进度偏差大于该工作的自由时差，则此进度偏差将对其后续工作产生影响，此时应根据后续工作的限制条件确定调整方法；如果工作的进度偏差未超过该工作的自由时差，则此进度偏差不影响后续工作，因此原进度计划可以不作调整。

（二）进度计划的调整方法

当实际进度偏差影响到后续工作、总工期而需要调整进度计划时，其调整方法主要有两种。

1. 改变某些工作间的逻辑关系

当建设工程项目实施中产生的进度偏差影响到总工期，且有关工作的逻辑关系允许改变时，可以改变关键线路和超过计划工期的非关键线路上的有关工作之间的逻辑关系，达到缩短工期的目的。例如，将顺序进行的工作改为平行作业、搭接作业以及分段组织流水作业等，都可以有效地缩短工期。

2. 缩短某些工作的持续时间

这种方法不改变建设工程项目中各项工作之间的逻辑关系，而通过采取增加资源投入、提高劳动效率等措施来缩短某些工作的持续时间，使工程进度加快，以保证按计划工期完成该建设工程项目。这些被压缩持续时间的工作是位于关键线路和超过计划工期的非关键线路上的工作。同时，这些工作又是其持续时间可被压缩的工作。这种调整方法通常可以在网络图上直接进行。其调整方法视限制条件及对其后续工作的影响程度的不同而有所区别，一般可分为以下三种情况。

（1）当网络计划中某项工作进度拖延的时间已超过其自由时差但未超过其总时差时，该工作的实际进度不会影响总工期，而只对其后续工作产生影响。因此，在进行调整前，需要确定其后续工作允许拖延的时间限制，并以此作为进度调整的限制条件。该限制条件的确定常常非常复杂，尤其当后续工作由多个平行的承包单位负责实施时更是如此。后续工作如不能按原计划进行，在时间上产生的任何变化都可能使合同不能正常履行，而导致蒙受损失的一方提出索赔。寻求合理的调整方案，把进度拖延对后续工作的影响降低到最低程度，是进度管理人员的一项重要工作。

后续工作拖延的时间无限制，将拖后的时间参数带入原计划，简化网络图即可得到调整方案。

后续工作拖延的时间有限制，需要根据限制条件对网络计划进行调整。

（2）当网络计划中某项工作进度拖延的时间超过其总时差时，则无论该工作是否为关键工作，其实际进度都将对后续工作和总工期产生影响。此时，进度计划的调整方法又可分为以下三种情况：

第一，项目总工期不允许拖延。如果建设工程项目必须按照原计划工期完成，则只能采取缩短关键线路上后续工作持续时间的方法来达到调整计划的目的。这种方法实质上是工期优化的方法。

第二，项目总工期允许拖延。如果项目总工期允许拖延，则此时只需以实际数据取代原计划数据，并重新绘制实际进度检查日期之后的简化网络计划即可。

第三，项目总工期允许拖延的时间有限。如果项目总工期允许拖延，但允许拖延的时间有限。则当实际进度拖延的时间超过此限制时，也需要对网络计划进行调整，以便满足要求。

具体的调整方法是以总工期的限制时间作为规定工期，对检查日期之后尚未实施的网络计划进行工期优化，即通过缩短关键线路上后续工作持续时间的方法来使总工期满足规定工期的要求。

以上三种情况均是以总工期为限制条件调整进度计划的。值得注意的是，当某项工作实际进度拖延的时间超过其总时差而需要对进度计划进行调整时，除需考虑总工期的限制条件外，还应考虑网络计划中后续工作的限制条件，特别是对总进度计划的控制更应注意这一点。

因为在这类网络计划中，后续工作也许就是一些独立的合同段。时间上的任何变化，都会带来协调上的麻烦或者引起索赔。因此，当网络计划中某些后续工作对时间的拖延有限制时，同样需要以此为条件，按前述方法进行调整。

（3）当网络计划中某项工作进度超前时，对建设工程实施进度控制的任务就是在工程进度计划的执行过程中，采取必要的组织协调和控制措施，以保证建设工程按期完成。时间上的任何变化，无论是进度拖延还是超前，都可能造成其他目标的失控。例如，在一个建设工程施工总进度计划中，由于某项工作的进度超前，致使资源的需求发生变化，而打乱了原计划对人、材、物等资源的合理安排，也将影响资金计划的使用和安排，特别是当多个平行的承包单位进行施工时，由此引起后续工作时间安排的变化，势必给协调工作带来许多麻烦。因此，如果在建设工程实施过程中出现进度超前的情况，进度控制人员必须综合分析进度超前对后续工作产生的影响，提出合理的进度调整方案，以确保工期总目标的顺利实现。

第六章 建设工程项目投资管理

第一节 建设工程项目投资管理概述

一、建设工程项目投资管理概念

建设工程项目投资管理是建设工程项目管理的重要组成部分，是在建设工程项目立项、勘察设计、招投标、施工、运营等阶段，把建设工程项目投资控制在批准的投资限额以内，随时纠正发生的偏差，以保证实现建设工程项目投资管理目标，以求在建设工程中能合理使用人力、物力、财力，取得较好的投资效益和社会效益。（陈玲燕，2017）

二、建设工程项目投资基本构成

建设工程项目投资一般指进行一项工程项目的全部费用。生产性建设工程项目投资由建设投资（固定资产投资）和流动资产投资（铺底流动资金）两部分构成；非生产性工程项目投资则只包含固定资产投资。

（一）设备与工器具购置费

设备与工器具购置费是指按照建设工程项目设计文件要求，建设单位或其委托单位购置或自制达到固定资产标准的设备所需的费用，以及新建、扩建项目配套的工器具及生产家具所需的费用。

设备与工器具购置费由设备原价、工器具原价和运杂费（包括设备成套公司服务费）组成。在生产性工程项目中，设备与工器具投资主要表现为其他部门创造的价值转移到建设工程项目中，这部分投资是固定资产投资中的积极部分。它占工程投资比重的增大，意味着生产技术的进步和资本有机构成的提高。

（二）建筑安装工程费

建筑安装工程费是指用于建筑和安装工程的投资，主要包括：人工费、材料费（包含工程设备，下同）、施工机具使用费、企业管理费、利润、规费和税金。

（1）人工费。人工费是指按工资总额构成规定，支付给从事建筑安装工程施工的生产工人和附属生产单位工人的各项费用。内容包括计时工资或计件工资，奖金，津贴、补贴，加班加点工资，特殊情况下支付的工资。

（2）材料费。材料费是指施工过程中消耗的原材料、辅助材料、构配件、零件、半成品或成品、工程设备的费用。内容包括材料原价、运杂费、运输损耗费、采购及保管费。

（3）施工机具使用费。施工机具使用费是指施工作业所发生的施工机械、仪器仪表使用费或租赁费。其中，施工机械使用费以施工机械台班耗用量乘以施工机械台班单价表示。施工机械台班单价内容包括折旧费、大修理费、经常修理费、安拆费及场外运费、人工费、燃料动力费及税费；仪器仪表使用费是指工程施工所需使用的仪器仪表的摊销及维修费用。

（4）企业管理费。企业管理费是指建筑安装企业组织施工生产和经营管理所需的费用，内容包括管理人员工资、办公费、差旅交通费、固定资产使用费、工具用具使用费、劳动保险和职工福利费、劳动保护费、检验试验费、工会经费、职工教育经费、财产保险费、财务费用、税金及其他。

（5）利润。利润是指施工企业完成所承包工程获得的盈利。

（6）规费。规费是指按国家法律、法规规定，由省级政府和省级有关权力部门规定必须缴纳或计取的费用。内容包括社会保险费、住房公积金、工程排污费。其他应列而未列入的规费，按实际发生计取。

（7）税金。税金是指国家税法规定的应计入建筑安装工程造价内的营业税、城乡维护建设税、教育费附加以及地方教育附加。

（三）工程建设其他费用

工程建设其他费用是指未包含到建筑安装工程费、设备与工器具购置费里面的，按照设计文件要求和国家有关规定应由项目投资支付的为保证工程建设顺利完成和交付使用后能够正常发挥效用而发生的各项费用。

（1）土地使用费。土地使用费是指通过划拨方式取得土地使用权而支付的土地征用及迁移补偿费，或者通过土地使用权出让方式取得土地使用权而支付的土地使用权的出让金。

土地征用及迁移补偿费是指建设工程项目通过划拨方式取得无限期的土地使用权，依照《中华人民共和国土地管理法》等规定所支付的费用。其总和不得超过被征土地年产值的 30 倍，土地年产值按被征用前三年的平均产量和国家规定的价格计算。主要包括土地补偿费，青苗补偿费和被征用土地上的房屋、水井、树木等附着物补偿费，安置补助费，缴纳的耕地占用税或城镇土地使用税、土地登记费及征地管理费等，征地动迁费，水利水电工程水库淹没处理补偿费。

土地使用权出让金是指建设工程项目通过土地使用权出让方式取得有限期的土地使用权，依照《中华人民共和国城镇国有土地使用权出让和转让暂行条例》规定，支付的土地使用权出让金。

（2）与项目建设有关的其他费用。根据项目的不同，与项目建设有关的其他费用构成也不尽相同，一般包括以下几项：建设单位管理费、勘察设计费、研究试验费、建设单位临时设施费、工程监理费、工程保险费、供电贴费、施工机构迁移费以及引进技术和进口设备其他费。

（3）与企业未来生产经营有关的费用。与未来企业生产经营有关的费用主要包括联合试运转费、生产准备费、办公和生活家具购置费等。

（四）预备费、建设期贷款利息

1. 预备费

预备费包括基本预备费和涨价预备费两项。基本预备费是指因在项目实施中可能发生、难以预料的支出而需要预先预留的费用，又称不可预见费。主要是指设计变更和施工过程中可能增加工程量而引起的费用。涨价预备费是指在建设期内由于价格变化等导致工程项目投资的增加，需要事先预留费用。涨价预备费以建筑安装工程费、设备工器具购置费之和为计算基数。

2. 建设期贷款利息

建设期贷款利息是指建设工程项目在建设期内发生并计入固定资产的利息。建设期贷款利息包括向国内银行和其他非银行金融机构贷款、出口信贷、外国政府贷款、国际商业银行贷款以及在境内外发行的债券等在建设期内应偿还的贷款利息。

（五）流动资金

流动资金是指生产经营性项目投产后，为了进行正常生产经营，用于购买原材料、燃料、支付工资及其他经营费用等所需的周转资金。

第二节　建设工程项目投资确定

一、建设工程项目投资估算

（一）建设工程项目投资估算概述

1. 建设工程项目投资估算的概念

建设工程项目投资估算是在对建设工程项目的建设规模、产品方案、工艺技术及设备方案、工程方案及项目实施进度等进行研究并基本确定的基础上，估算项目所需资金总额并测算建设期分年资金使用计划。投资估算是拟建项目编制项目建议书、可行性研究报告的重要组成部分，是项目决策的重要依据之一。

2. 建设工程项目投资估算的作用

（1）投资估算是项目主管部门审批项目建议书和可行性研究报告的依据之一，并对制订项目规划、控制项目规模起参考作用。

（2）投资估算是项目筹资决策和投资决策的重要依据，对于确定融资方式、进行经济评价和进行方案优选起着重要作用。

（3）投资估算是编制初步设计概算的依据，同时还对初步设计概算起到控制作用，是项目投资控制目标之一。

3. 建设工程项目投资估算的主要依据

（1）主要工程项目、辅助工程项目及其他各单项工程的建设内容及工程量。

（2）专门机构发布的建设工程造价及费用构成、估算指标、计算方法，以及其他有关估算工程造价的文件。

（3）专门机构发布的工程建设其他费用计算办法和费用标准，以及政府部门发布的物价指数。

（4）已建同类工程项目的投资档案资料。

（5）影响建设工程投资的动态因素，如利率、汇率、税率等。

（二）建设投资估算方法

建设投资估算采用何种方法应取决于要求达到的精确度，而精确度又由项目不同的前期研究阶段以及资料数据的可靠性决定。因此，在建设工程项目的不同前期研究阶段，允许采用详简不同、深度不同的估算方法。常用的估算方法有生产能力指数法、比例估算法、综合指标投资估算法等。

1. 生产能力指数法

这种方法起源于国外对化工厂投资的统计分析。据统计，生产能力不同的两个装置，它们的初始投资与两个装置生产能力之比的指数幂成正比。生产能力指数法多用于估算生产装置投资。

2. 比例估算法

（1）以拟建项目或装置的设备费为基数，根据已建成的同类项目的建筑安装工程费和其他费用等占设备价值的百分比，求出相应的建筑安装工程费及其他有关费用，其总和即为拟建项目或装置的投资额。这种方法适用于设备投资占较大比例的建设工程项目。

（2）以拟建项目中主要的、投资比重较大的工艺设备的投资（含运杂费，也可含安装费）为基数，根据已建类似项目的统计资料，计算出拟建项目各专业工程费占工艺设备的比例，求出各专业投资，加和即得到工程费用，再加上其他费用，求得拟建项目的建设投资。

3. 综合指标投资估算法

综合指标投资估算法又称概算指标法，是依据国家有关规定，国家或行业、地方的定额、指标和取费标准以及设备和主材价格等，从工程费用中的单项工程入手来估算初始投资。采用这种方法，还需要相关专业提供较为详细的资料，有一定的估算深度，精确度相对较高。

（三）流动资金估算方法

流动资金估算一般是参照现有同类企业的状况采用分项详细估算法，个别情况或者小型项目可采用扩大指标估算法。

1. 分项详细估算法

对计算流动资金需要掌握的流动资产和流动负债这两类因素应分别进行估算。在可行性研究中，为了简化计算，仅对存货、现金、应收账款这三项流动资产和应付账款这项流动负债进行估算。

2. 扩大指标估算法

（1）按建设投资的一定比例估算。

（2）按经营成本的一定比例估算。

（3）按年销售收入的一定比例估算。

（4）按单位产量占用流动资金的比例估算。

流动资金一般在投产前开始筹措；在投产第一年开始按生产负荷进行安排，其借款部分按全年计算利息。流动资金利息应计入财务费用。项目计算期末回收全部流动资金。

二、建设工程项目设计概算

（一）建设工程项目设计概算概述

1. 设计概算的内容

设计概算是在初步设计或扩大初步设计阶段，由设计单位按照设计要求概略地计算拟建工程从立项开始到交付使用为止全过程所发生的建设费用的文件，是设计文件的重要组成部分。在报请审批初步设计或扩大初步设计时，作为完整的技术文件必须附有相应的设计概算。设计概算分为单位工程概算、单项工程综合概算、建设工程总概算三级。（邱国林，刘茉，王淋，2014）

2. 设计概算的作用

（1）设计概算是国家确定和控制基本建设投资、编制基本建设计划的依据。初步设计及总概算按规定程序报请有关部门批准后即为建设工程总投资的最高限额，不得任意突破，如确需突破，需报原审批部门批准。

（2）设计概算是设计方案经济评价及选择的依据。设计人员根据设计概算进行设计方案技术经济评价、多方案评价，并优选设计方案，以提高工程项目设计质量和经济效果。同时，设计概算为下阶段施工图设计确定了投资控制的目标。

（3）设计概算是实行建设工程投资包干的依据。在进行概算包干时，单项工程综合概算及建设工程总概算是投资包干指标商定和确定的基础，尤其经上级主管部门批准的设计概算或修正概算，是主管单位和包干单位签订包干合同、控制包干数额的依据。

（4）设计概算是基本建设核算、“三算”对比、考核建设工程成本和投资效果的依据。

3. 设计概算编制依据

（1）经批准的有关文件，上级有关文件、指标。

（2）工程地质勘测资料。

（3）经批准的设计文件。

（4）水、电和原材料供应情况。

（5）交通运输情况及运输价格。

（6）地区工资标准、已批准的材料预算价格及机械台班价格。

（7）国家或省、市颁发的概算定额或概算指标、建筑安装工程有关取费标准。

（8）类似工程概算及技术经济指标。

（二）单位工程概算编制

单位工程概算应根据单项工程中所属的每个单体按专业分别编制，一般分土建、装饰、采暖通风、给排水、照明、工艺安装、自控仪表、通信、道路等专业或工程分别编制。总体而言，单位工程概算包括单位建筑工程概算和单位设备及安装工程概算两类。其中，建筑工程概算的编制方法有：概算定额法、概算指标法、类似工程预算法等；设备及安装工程概算的编制方法有：预算单价法、扩大单价法、设备价值百分比法和综合吨位指标法等。

1. 概算定额法

概算定额法又称扩大单价法或扩大结构定额法，是套用概算定额编制建筑工程概算的方法。运用概算定额法，要求初步设计必须达到一定深度，建筑结构尺寸比较明确，能按照初步设计的平面图、立面图、剖面图计算出楼地面、墙身、门窗和屋面等扩大分项工程（或扩大结构构件）项目的工程量时，方可采用。

建筑工程概算表按构成单位工程的主要分部、分项工程编制，根据初步设计工程量按工程所在省、自治区、直辖市颁发的概算定额（指标）或行业概算定额（指标），以及工程费用定额计算。

2. 概算指标法

由于设计深度不够等，对于一般附属、辅助和服务工程等项目，如住宅和文化福利工程项目或投资比较小、比较简单的工程项目，可采用概算指标法编制概算。

用概算指标编制概算的方法一般有以下两种。

第一种方法：直接用概算指标编制单位工程概算。当设计对象的结构特征符合概算指标的结构特征时，可直接用概算指标编制概算。

第二种方法：用修正概算指标编制单位工程概算。当设计对象结构特征与概算指标的结构特征局部有差别时，可先用修正概算指标，再根据已计算的建筑面积或建筑体积乘以修正后的概算指标及单位价值，算出工程概算价值。

3. 类似工程预算法

类似工程预算法是利用技术条件与设计对象相类似的已完工程或在建工程的工程造价资料来编制拟建工程设计概算的方法。

当拟建工程初步设计与已完工程或在建工程的设计相类似而又没有可用的概算指标时可以采用类似工程预算法。

类似工程预算法对条件有所要求，也就是可比性，即拟建工程项目的建筑面积、结构构造特征要与已建工程基本一致，如层数相同、面积相似、结构相似、工程地点相似等。采用此方法时必须对建筑结构差异和价差进行调整。

4. 单位设备及安装工程概算编制方法

单位设备及安装工程概算包括单位设备及工器具购置费概算和单位设备安装工程费概算两大部分。

（1）单位设备及工器具购置费概算的编制方法。单位设备及工器具购置费是根据初步设计的设备清单计算出设备原价，并汇总求出设备总原价，然后按有关规定的设备运杂费率乘以设备总原价，两项相加，再考虑工器具及生产家具购置费即为单位设备及工器具购置费概算。

（2）单位设备安装工程费概算的编制方法。单位设备安装工程费概算的编制方法应根据初步深度和要求所明确的程度而采用。其主要编制方法有：预算单价法、扩大单价法、设备价值百分比法、综合吨位指标法等。

（三）单项工程综合概算编制

单项工程综合概算是确定单项工程建设费用的综合性文件，是由该单项工程的各专业单位工程概算汇总而成的，是建设工程项目总概算的组成部分。

单项工程综合概算文件一般包括编制说明（不编制总概算时列入）和综合概算表（含其所附的单位工程概算表和建筑材料表）两大部分。当建设工程项目只有一个单项工程时，此时综合概算文件（实为总概算）除包括上述两大部分外，还应包括工程建设其他费用、建设期利息、预备费的概算。

（四）建设项目总概算编制

建设项目总概算是设计文件的重要组成部分，是预计整个建设工程项目从筹建到竣工交付使用所花费的全部费用的文件。它由各单项工程综合概算、工程建设其他费用、建设期利息、预备费和经营性项目的铺底流动资金概算所组成，按照主管部门规定的统一表格编制而成。

设计总概算文件应包括编制说明、总概算表、各单项工程综合概算书、工程建设其他费用概算表、主要建筑安装材料汇总表。独立装订成册的总概算文件宜加封面、签署页（扉页）和目录。

第三节　建设工程项目投资控制方法

一、价值工程法

（一）价值工程及其特点

价值工程是运用集体智慧和有组织的活动，对所研究对象的功能与费用进行系统分析并不断创新，使研究对象以最低的总费用可靠地实现其必要的功能，以提高研究对象价值的思想方法和管理技术。这里的“价值”，是功能和实现这个功能所耗费用（成本）的比值。

价值工程活动的目的是研究对象的最低寿命周期费用，可靠地实现使用者所需的功能，以获取最佳综合效益。价值工程的主要特点如下：

（1）以提高价值为目标。研究对象的价值着眼于全寿命周期费用，提高产品价值就是以最小的资源消耗获取最大的经济效益。

（2）以功能分析为核心。功能是指研究对象能够满足某种需求的一种属性，即产品的特定职能和所具有的具体用途。功能可分为必要功能和不必要功能。其中，必要功能是指使用者所要求的功能以及与实现使用者需求有关的功能。

（3）以创新为支柱。价值工程强调“突破、创新和求精”，强调充分发挥人的主观能动作用和创造精神。首先，对原方案进行功能分析，突破原方案的约束；其次，在功能分析的基础上，发挥创新精神，创造更新方案；最后，进行方案对比分析，精益求精。能否创新及其创新程度是关系价值工程成败与效益的关键。

（4）技术分析和经济分析相结合。价值工程是一种技术经济方法，研究功能和成本的合理匹配，是技术分析与经济分析的有机结合。因此，分析人员必须具备技术和经济知识，做好技术经济分析，努力提高产品价值。

（二）价值工程的基本内容

价值工程可以分为四个阶段：准备阶段、分析阶段、创新阶段和实施阶段。其大致可以分为八项内容：价值工程对象选择、收集资料、功能分析、功能评价、提出改进方案、方案的评价与选择、试验证明和决定实施方案。

价值工程主要回答和解决下列问题：价值工程的对象是什么？它是干什么的？其费用是多少？其价值是多少？有无其他方案可以实现同样的功能？新方案的费用是多少？新方案能满足要求吗？

（三）提高产品价值的途径

由于价值工程以提高产品价值为目的，这既是用户的需要（侧重于功能），又是生产经营者追求的目标（侧重于费用）。两者的根本利益是一致的，不仅深刻地反映出产品价值与产品功能和实现此功能所耗费用之间的关系，而且为如何提高价值提供了途径。

（1）在提高产品功能的同时，降低产品费用，这是提高价值最为理想的途径。但对生产者要求较高，往往需要借助科学技术的突破才能实现。

（2）在产品费用不变的条件下，通过提高产品的功能，提高利用资源的效果或效用，达到提高产品价值的目的。

（3）在保持产品功能不变的前提下，通过降低产品的寿命周期费用，达到提高产品价值的目的。

（4）产品功能有较大幅度的提高，产品费用有较少提高，也可达到提高产品价值的目的。

（5）在产品功能略有下降、产品费用大幅度降低的情况下，也可以达到提高产品价值的目的。某些情况下，为了满足购买力较低的用户需求，或一些更注重价格实惠而不需要高档产品的用户需求，适当生产价廉的低档品，也能取得较好的经济效益。

二、限额设计法

（一）限额设计法的概念

所谓限额设计法，就是在设计阶段根据拟建项目的建设标准、功能和使用要求等，进行投资规划，对建设工程项目投资目标进行分解，将投资分配到各个单项工程、单位工程或分部工程；分配到各个专业设计工种，明确建设项目各组成部分和各个专业设计工种所分配的投资限额。然后，将其提交设计单位，要求各专业设计人员按分配的投资限额进行设计，并在设计的全过程中，严格按照分配的投资限额控制各个阶段的设计工作，采取各种措施，使投资限额不被突破，从而实现设计阶段投资控制的目标。

（二）投资目标分解

采用限额设计方法，在工程设计开始之前就需要确定限额设计的限额目标，即进行投资目标的分解，确定拟分配至各专业设计工种和项目各组成部分的投资限额。投资目标及其分解的准确与合理，是限额设计方法应用的前提。投资限额目标若存在问题，则无法用于指导设计和控制设计工作，设计人员也无法按照分配的限额进行设计。因此，在设计准备阶段，需要科学合理地编制投资规划文件，依据批准的可行性研究报告、拟订的工程建设标准、建设工程项目的功能描述和使用要求等，给出建设工程项目各专业和各组成部分的投资限额。由于工程设计尚未开始，建设工程项目的功能要求和使用要求就成为分配投资限额最主要的依据。限额设计投资目标的分解和确定，不能一味考虑节约投资，也不能简单地对投资进行裁减，而应该在保证各专业各组成部分达到使用功能和拟订标准的前提下，进行投资的合理分配。

因此，投资目标的分解和限额分配要尊重科学、实事求是，需要掌握和积累丰富的投资数据和资料，采用科学的分析方法，否则，限额设计很难取得好的效果。此外，投资限额目标一旦确定，必须坚持投资限额的严肃性，不能随意进行变动。

（三）限额设计控制内容

投资目标的分解工作完成后，就需要在设计全过程中按分配的投资限额指导和控制工程设计工作，使各设计阶段形成的投资费用能够被控制在确定的投资限额以内。

（1）建设前期工作内容。建设工程项目从可行性研究开始，便要建立限额设计的观念，充分理解和掌握建设工程项目的设计原则、建设方针和各项技术经济指标，认真做好项目定义及描述等工作，合理和准确地确定投资目标。可行性研究报告和投资估算获得批准以后，应该成为下一阶段进行限额设计和控制投资的重要依据。

（2）方案设计阶段工作内容。在进入方案设计阶段以后，首先应该将投资目标及其分配的限额向各专业的设计人员进行说明和解释，使其明确限额设计的基本要求和工作内容，明确各自的投资限额，取得设计人员的理解和支持。在方案设计阶段，以分配的投资限额为目标，通过多方案的分析和比较，合理选定经济指标，严格按照设定的投资限额设计控制工作。如果设计方案的投资费用突破投资限额，则需要对相应专业、工程相应的组成部分或内容进行调整和优化。

（3）初步设计阶段工作内容。在初步设计阶段，严格按照限额设计所分配的投资限额，在保证建设工程项目使用功能的前提下进行设计，按确定的设计方案开展初步设计的工作。在设计过程中，要跟踪各专业设计的设计工作，与各专业的设计人员密切配合，对主要工程、关键设备、工艺流程及其相应的各种费用指标进行分析和比较，研究实现投资限额的可行方案。随着初步设计工作的开展，经常分析和计算各专业设计和各工程组成部分设计形成的可能的投资费用，并定期或不定期地将可能的投资费用与设定的投资限额进行比较，若两者出现较大差异，需要研究调整方法和措施。

初步设计的设计文件形成以后，要准确编制设计概算，分析比较设计概算与投资估算的关系，分析比较设计概算中各专业工程费用与投资限额的关系，发现问题及时调整，按投资限额和设计概算对初步设计的各个专业设计文件做出确认。经审核批准后的设计概算是下一阶段（即施工图设计阶段）控制投资的重要目标。

（4）施工图设计阶段工作内容。施工图设计文件是设计的最终产品。施工图设计必须严格按初步设计确定的原则、范围、内容和投资限额进行设计。施工图设计阶段的限额设计工作应在各专业设计的任务书中，附上设定的投资限额和批准的设计概算文件，供设计人员在设计中参考使用。在施工图设计过程中，局部变更和修改是正常的，关键是要进行核算和调整，使施工图预算不会突破设计概算的限额。对于建设规模和设计方案等的重大变更，则必须重新编制或修改初步设计文件和设计概算，并以批准的修改后的设计概算作为施工图设计阶段投资控制的目标值。

施工图设计文件形成以后，要准确编制施工图预算，分析比较施工图预算和设计概算的关系、施工图预算中各专业工程费用与投资限额的关系，发现问题及时调整，按施工图预算对施工图设计的各个专业设计文件做出最后确认，实现限额设计确定的投资限额目标。

（5）加强对设计变更的管理工作。加强对设计变更的管理工作，对于确实可能发生的变更，应尽量提前解决，避免或减小可能的损失。对于影响建设工程项目投资的重大设计变更，更需先算账后变更，这样才能保证工程设计的结果和费用不突破规定的投资限额。

采用限额设计方法，就是要按照批准的可行性研究报告及投资估算控制初步设计；按照批准的初步设计和设计概算控制施工图设计，使各专业在保证达到功能要求和使用要求的前提下，按分配的投资限额控制工程设计；严格控制设计的不合理变更，通过层层控制和管理，保证建设工程项目投资限额不被突破，最终实现投资控制目标。

三、挣得值分析法

挣得值（Earned Value）分析法作为一项先进的项目管理技术，最初是由美国国防部于 1967 年首次确立的。挣得值分析法是一种能全面衡量项目投资、进度状况的整体方法。它采用货币形式代替工作量来测量项目的进度。它不以投入资金的多少来反映项目的进展，而是以资金已经转化为项目成果的量来对项目进行衡量，是一种完整和有效的工程项目监控指标和方法。

（一）挣得值分析法的基本变量

挣得值分析法需要通过三个变量来表示项目的实施状态，并据此预测项目可能的完工时间和完工时的可能费用。这三个基本变量就是计划工作预算费用（Budgeted Cost of Work Scheduled，BCWS）、已完成工作预算费用（Budgeted Cost of Work Performed，BCWP）、已完成工作实际费用（Actual Cost of Work Performed，ACWP）。

（1）计划工作预算费用。计划工作预算费用即在项目某一时点应当完成的工作计划，以预算为标准所需投入的资金累计值。通常可以用给定时间内的工时数与支付的投入人员的单价乘积表示。投入人员的单价是指直接支付个人部分的成本与分摊管理费之和。该值是衡量项目进度和费用的一个基准。

（2）已完成工作预算费用。已完成工作预算费用即在项目某一时点已经完成的工作，以批准认可的预算为标准所需投入的资金累计值，也即挣得值。它体现了费用到项目成果的转化，反映了项目的实际进度和工作绩效。

（3）已完成工作实际费用。已完成工作实际费用即在项目某一时点已经完成的工作所实际花费的资金总额。它反映的是在给定期限内完成上述工作的实际支付。

通过以上三个基本变量的对比，可以明确地测定和衡量项目的实际进展情况。使用挣得值分析法进行费用—进度综合控制，必须定期监控计划工作预算费用（BCWS）、已完成工作预算费用（BCWP）、已完成工作实际费用（ACWP）三个参数。在项目开始之前，必须为在整个项目工期内如何与何时使用资金做出预算和计划。项目开始实施后，监督实际费用和工作绩效，以确保费用、进度都在控制范围之内。

（二）挣得值分析法评价指标

在这三个基本参数的基础上，可以确定挣得值分析法的四个评价指标，它们都是时间的函数。

（1）费用偏差 CV（Cost Variance）。

$$CV=BCWP-ACWP$$

它表示在某一点上预算费用和实际费用之差。当费用偏差 CV>0 时，表明节约了费用；反之，当费用偏差 CV<0 时，表明费用超支。

（2）进度偏差 SV（Scheduled Variance）。

$$SV=BCWP-BCWS$$

它表示在某一点上已完成工作（进度情况）所花费的费用和预算费用之间的差别，表明进度情况。当进度偏差 SV>0 时，表明进度超前；反之，当进度偏差 SV<0 时，表明进度滞后。

（3）费用绩效指数 CPI。

$$CPI=\frac{BCWP}{ACWP}$$

当费用绩效指数 CPI<1 时，表明超支，即实际费用高于预算费用；当费用绩效指数 CPI>1 时，表明节支，即实际费用低于预算费用。

（4）进度绩效指数 SPI。

$$SPI=\frac{BCWP}{BCWS}$$

当进度绩效指数 SPI<1 时，表明进度延误，即实际进度落后于计划进度；当进度绩效指数 SPI>1 时，表明进度提前，即实际进度快于计划进度。

在项目的费用—进度综合控制中引入挣得值分析法，可以克服过去进度、费用分开控制的缺点，即当发现费用超支时，很难立即知道是由于费用超出预算，还是由于进度提前。相反，当发现费用低于预算时，也很难立即知道是由于费用节省，还是由于进度拖延。而引入挣得值分析法即可定量地判断进度、费用的执行效果。

第七章　建设工程项目职业健康安全及环境管理

第一节　职业健康安全管理体系及环境管理体系

一、职业健康安全管理体系及环境管理体系相关概念

（一）职业健康安全

职业健康安全管理体系是企业总体管理体系的一部分。作为我国推荐性标准的职业健康安全管理体系标准，目前被企业普遍采用，用以建立职业健康安全管理体系。该标准覆盖了国际上的 OHSAS 18000 体系标准，即《职业健康安全管理体系 要求及使用指南》（GB/T 45001—2020）。

职业健康安全是指影响工作场所内的员工、临时工作人员、合同方人员、访问者和其他人员健康安全的条件和因素。

（二）职业健康安全管理目标

职业健康安全管理的目的是在生产活动中，通过职业健康安全生产的管理活动，进行对影响生产的具体因素的状态控制，使生产因素中的不安全行为和状态减少或消除，且不引发事故，以保证生产活动中人员的健康和安全。

对于建设工程项目，职业健康安全管理的目的如下：

（1）防止和减少生产安全事故。

（2）保护产品生产者的健康与安全，保障人民群众的生命和财产免受损失。

（3）控制影响工作场所内员工、临时工作人员、合同方人员、访问者和其他有关部门人员健康和安全的条件和因素。

（4）考虑和避免因管理不当对员工健康和安全造成的危害。

（三）环境

随着全球经济的发展，人类赖以生存的环境不断恶化，20 世纪 80 年代，联合国组建了世界环境与发展委员会，提出了“可持续发展”的观点。国际标准化组织制定的 ISO

14000体系标准，被我国等同采用，即《环境管理体系 要求及使用指南》（GB/T 24001—2016）、《环境管理体系原则 通用实施指南》（GB/T 24004—2017）。

在《环境管理体系要求及使用指南》中，认为环境是“组织运行活动的外部存在，包括空气、水、土地、自然资源、植物、动物、人，以及它（他）们之间的相互关系”。这个定义以组织运行活动为主体，其外部存在主要是指人类认识到的、直接或间接影响人类生存的各种自然因素及它（他）们之间的相互关系。

（四）环境管理目标

环境保护是我国的一项基本国策。对环境管理的目的是保护生态环境，使社会的经济发展与人类的生存环境相协调。对于建设工程项目，环境保护主要是指保护和改善施工现场的环境。企业应当遵照国家和地方的相关法律法规以及行业和企业的自身要求，采取措施控制施工现场的各种粉尘、废水、废气、固体废弃物以及噪声、振动对环境的污染和危害，并且要注意对资源的节约和避免资源的浪费。

（五）环境管理体系

根据《环境管理体系 要求及使用指南》的要求建立环境管理体系，形成文件，实施、保持和持续改进环境管理体系，并确定它将如何实现这些要求；确定环境管理体系覆盖的范围并形成文件。

《环境管理体系 要求及使用指南》由范围、规范性引用文件、术语与定义、组织所处的环境、领导作用、策划、支持、运行、绩效评价和改进等10部分组成。

二、职业健康安全体系及环境管理体系的运用

（一）职业健康安全管理体系及环境管理体系的建立步骤

（1）领导决策。最高管理者亲自决策，以便获得各方面的支持和在体系建立过程中所需的资源保证。

（2）成立工作组。最高管理者或授权管理者代表成立工作小组负责建立体系。工作小组的成员要覆盖组织的主要职能部门，组长最好由管理者代表担任，以保证小组对人力、资金、信息的获取。

（3）人员培训。培训的目的是使有关人员了解建立体系的重要性，了解标准的主要思想和内容。

（4）初始状态评审。初始状态评审是对组织过去和现在的职业健康安全与环境的信息，状态进行收集、调查分析、识别和获取现有的适用的法律法规和其他要求，进行危险源辨识、风险评价、环境因素识别和重要环境因素评价。评审的结果将作为确定职业健康安全与环境方针，制定管理方案、编制体系文件的基础。

（5）制定方针、目标、指标和管理方案。职业健康安全及环境目标、指标的制定是组织为了实现其在职业健康安全及环境方针中所体现出的管理理念及其对整体绩效的期许与原则，与企业的总目标相一致。

（6）管理体系策划与设计。体系策划与设计依据制定的方针、目标、指标和管理方案确定组织机构职责和筹划各种运行程序。

（7）体系文件编写。体系文件包括管理手册、程序文件、作业文件三个层次。

体系文件编写的原则。体系文件编写应遵循以下原则：标准要求的要写到、文件写到的要做到、做到的要有有效记录。

管理手册的编写。管理手册是对组织整个管理体系的整体性描述，为体系的进一步展开以及后续程序文件的制定提供了框架要求和原则规定，是管理体系的纲领性文件。其主要内容包括：方针、目标、指标、管理方案，管理、运行、审核和评审工作人员的主要职责、权限和相互关系，关于程序文件的说明和查询途径，关于管理手册的管理、评审和修订工作的规定。

程序文件的编写。程序文件的编写应符合以下要求：程序文件要针对需要编制程序文件体系的管理要素：程序文件的内容可按“4W1H”的顺序和内容来编写，即明确程序中管理要素由谁做（Who），什么时间做（When），在什么地点做（Where），做什么（What），怎么做（How）。

作业文件的编制。作业文件是指管理手册、程序文件之外的文件，一般包括作业指导书（操作规程）、管理规定、监测活动准则及程序文件引用的表格。其编写的内容和格式与程序文件的要求基本相同。在编写之前应对原有的作业文件进行清理，摘其有用内容，删除无关内容。

（8）文件的审查、审批和发布。文件编写完成后应进行审查，经审查、修改、汇总后进行审批，然后发布。

（二）职业健康安全管理体系及环境管理体系的运行

1. 管理体系的运行

体系运行是指按照已建立体系的要求实施，重点围绕培训意识和能力，信息交流，文件管理，执行控制程序，监测，不符合、纠正和预防措施，记录等活动推进体系的运行工作。

2. 管理体系的维持

管理体系的维持通过内部审核、管理评审、合规性评价实现。

第二节 建设工程安全生产管理

一、建设工程安全生产管理制度

由于建设工程规模大、周期长、参与人数多、环境复杂多变，安全生产的难度很大。2017年2月颁布的《中共中央国务院关于进一步加强城市规划建设管理工作的若干意见》和《国务院办公厅关于促进建筑业持续健康发展的意见》（国办发〔2017〕19号）中强调，建设工程应完善工程质量安全管理制度，落实工程质量安全主体责任，强化工程质量安全监管，提高工程质量安全管理水平。因此，现阶段正在执行的主要安全生产管理制度包括以下几个。

（一）安全生产责任制度

安全生产责任制是最基本的安全管理制度，是所有安全生产管理制度的核心。安全生产责任制是将安全生产责任分解到相关单位的主要负责人、项目负责人、班组长以及每个岗位的作业人员身上。

根据《建设工程安全生产管理条例》和《建筑施工安全检查标准》（JGJ 59—2011）的相关规定，安全生产责任制度的主要内容如下。

（1）安全生产责任制度主要包括企业主要负责人、负责人或其他副职、项目负责人（项目经理）的安全责任，生产、技术、材料等各职能管理负责人及其工作人员的安全责任，技术负责人（工程师）、专职安全生产管理人员、施工员、班组长和岗位人员的安全责任等。

（2）项目应对各级、各部门安全生产责任制规定检查和考核办法，并按规定期限进行考核，对考核结果及兑现情况应有记录。

（3）项目独立承包的工程在签订承包合同中必须有安全生产工作的具体指标和要求。工程由多单位施工时，原则上，实行总承包的工程由总承包单位负责，分包单位服从总包单位对施工现场的安全管理，向总包单位负责。分包单位在其分包范围内建立施工现场安全生产管理制度，并组织实施。

（4）项目的主要工种应有相应的安全技术操作规程，一般应包括砌筑、拌灰、混凝土、木工、钢筋、机械、起重司机、信号指挥、脚手架、水暖、油漆、塔吊、电梯、电气焊工种，特殊作业应另行补充。应将安全技术操作规程列为日常安全活动和安全教育的主要内容，并应悬挂在操作岗位前。

（5）施工现场应按建设工程项目大小配备专（兼）职安全人员。

（二）安全生产许可证制度

《安全生产许可证条例》规定国家对建筑施工企业实施安全生产许可证制度，其目的是严格规范安全生产条件，进一步加强安全生产监督管理，防止和减少生产安全事故。

国务院建设主管部门负责中央管理的建筑施工企业安全生产许可证的颁发和管理。其他企业由省、自治区、直辖市人民政府建设主管部门进行颁发和管理，并接受国务院建设主管部门的指导和监督。

企业取得安全生产许可证，应当具备下列安全生产条件。

（1）建立、健全安全生产责任制，制定完备的安全生产规章制度和操作规程。

（2）安全投入符合安全生产要求。

（3）设置安全生产管理机构，配备专职安全生产管理人员。

（4）主要负责人和安全生产管理人员经考核合格。

（5）特种作业人员经有关业务主管部门考核合格，取得特种作业操作资格证书。

（6）从业人员经安全生产教育和培训合格。

（7）依法参加工伤保险，为从业人员缴纳保险费。

（8）厂房、作业场所和安全设施、设备、工艺符合有关安全生产法律、法规、标准和规程的要求。

（9）有职业危害防治措施，并为从业人员配备符合国家标准或者行业标准的劳动防护用品。

（10）依法进行安全评价。

（11）有重大危险源检测、评估、监控措施和应急预案。

（12）有生产安全事故应急救援预案、应急救援组织或者应急救援人员，配备必要的应急救援器材、设备。

（13）法律，法规规定的其他条件。

企业进行生产前，应当依照该条例的规定向安全生产许可证颁发管理机关申请领取安全生产许可证，安全生产许可证的有效期为 3 年。安全生产许可证有效期满需要延期的，企业应当于期满前 3 个月向原安全生产许可证颁发管理机关办理延期手续。

企业不得转让、冒用安全生产许可证或者使用伪造的安全生产许可证。

（三）政府安全生产监督检查制度

政府安全生产监督检查制度是指国家法律，法规授权的行政部门，代表政府对企业的安全生产过程实施监督管理。根据《中华人民共和国安全生产法》规定，国务院负责安全生产监督管理的部门对全国建设工程安全生产工作实施综合监督管理，县级以上地方人民政府负责安全生产监督管理的部门对本行政区域内建设工程安全生产工作实施综合监督管理。（裘建娜，赵秀云，2020）

县级以上人民政府负责建设工程安全生产监督管理的部门在各自的职责范围内履行安

全生产监督检查职责时，有权纠正施工中违反安全生产要求的行为，责令立即排除检查中发现的安全事故隐患，对重大隐患可以责令暂时停止施工。建设行政主管部门或者其他有关部门可以将施工现场安全监督检查委托给建设工程安全监督机构具体实施。

（四）安全生产教育培训制度

企业安全生产教育培训一般包括对管理人员、特种作业人员和企业员工的安全教育。

1. 管理人员的安全教育

管理人员的安全教育包括对企业领导的安全教育，对项目经理、技术负责人和技术干部的安全教育，对行政管理干部的安全教育，对企业安全管理人员的安全教育，对班组长和安全员的安全教育。

2. 特种作业人员的安全教育

特种作业人员是指直接从事特种作业的从业人员。特种作业的范围主要有电工作业、焊接与热切割作业、高处作业、制冷与空调作业、煤矿安全作业、金属非金属矿山安全作业、石油天然气安全作业、冶金（有色）生产安全作业、危险化学品安全作业、烟花爆竹安全作业及安全监管总局认定的其他作业。

特种作业人员必须经过专门的安全技术培训并考核合格，取得中华人民共和国特种作业操作证后，方可上岗作业。

3. 企业员工的安全教育

企业员工的安全教育主要有以下几种：

（1）新员工上岗前的三级安全教育。三级安全教育通常是指进厂、进车间、进班组三级。对于建设工程而言，具体指企业（公司）、项目经理部（或工区、工程处、施工队）、班组三级。企业新员工须按规定通过三级安全教育和实际操作训练，并经考核合格后方可上岗。

（2）改变工艺和变换岗位时的安全教育。企业（或建设工程项目）在实施新工艺、新技术或使用新设备、新材料时，必须对有关人员进行相应级别的安全教育。

当组织内部员工发生从一个岗位调到另外一个岗位，或从某工种改变为另一工种，或因放长假离岗一年以上重新上岗的情况，企业必须进行相应的安全技术培训和教育。

（3）经常性安全教育。无论何种教育都不可能是一劳永逸的，安全教育同样如此，必须坚持不懈、经常不断地进行，这就是经常性安全教育。在经常性安全教育中，安全思想、安全态度教育很重要。经常性安全教育的形式有每天的班前班后会上说明安全注意事项、安全活动日、安全生产会议、事故现场会，以及张贴安全生产招贴画、宣传标语及标志等。

（五）安全措施计划制度

安全措施计划制度是指企业进行生产活动时，必须编制安全措施计划，它是企业有计划地改善劳动条件和安全卫生设施，防止工伤事故和职业病的重要措施之一，对企业加强劳动保护，改善劳动条件，保障职工的安全和健康，促进企业生产经营的发展都起着积极作用。安全措施计划的范围应包括改善劳动条件，防止事故发生，预防职业病和职业中毒等内容，具体包括安全技术措施、职业卫生措施、辅助用房间及设施、安全宣传教育措施。

（六）特种作业人员持证上岗制度

《建设工程安全生产管理条例》第二十五条规定，垂直运输机械作业人员、起重机械安装拆卸工、爆破作业人员、起重信号工、登高架设作业人员等特种作业人员，必须按照国家有关规定经过专门的安全作业培训，并取得特种作业操作资格证书后，方可上岗作业。特种作业操作资格证书在全国范围内有效，离开特种作业岗位6个月以上的特种作业人员，应当按照规定重新进行实际操作考核，经确认合格后方可上岗作业。特种作业操作证有效期为6年，每3年复审1次。

（七）专项施工方案专家论证制度

根据《建设工程安全生产管理条例》第二十六条规定，施工单位应当在施工组织设计中编制安全技术措施和施工现场临时用电方案，对下列达到一定规模的危险性较大的分部分项工程编制专项施工方案，并附具安全验算结果，经施工单位技术负责人、总监理工程师签字后实施，由专职安全生产管理人员进行现场监督，包括基坑支护与降水工程、土方开挖工程、模板工程、起重吊装工程、脚手架工程、拆除和爆破工程，以及国务院建设行政主管部门或者其他有关部门规定的其他危险性较大的工程。若上述所列工程中涉及深基坑、地下暗挖工程、高大模板工程的专项施工方案，施工单位还应当组织专家进行论证、审查。

（八）危及施工安全的工艺、设备、材料的淘汰制度

严重危及施工安全的工艺、设备、材料是指不符合生产安全要求，极有可能导致生产安全事故发生，致使人民生命和财产遭受重大损失的工艺、设备和材料。

根据《建设工程安全生产管理条例》第四十五条规定，对严重危及施工安全的工艺、设备和材料，实行淘汰制度。需要国务院建设行政主管部门会同国务院其他有关部门确定哪些是严重危及施工安全的工艺、设备和材料，并且以明示的方法予以公布。对于已经公布的严重危及施工安全的工艺、设备和材料，建设单位和施工单位都应当严格遵守和执行，不得继续使用此类工艺和设备，也不得转让他人使用。

（九）施工起重机械使用登记制度

《建设工程安全生产管理条例》第三十五条规定，施工单位应当自施工起重机和整体提升脚手架、模板等自升式架设设施验收合格之日起30日内，向建设行政主管部门或者其他有关部门登记。登记标志应当置于或者附着于该设备的显著位置。

这是对施工起重机械的使用进行监督和管理的一项重要制度，能够有效防止不合格机械和设施投入使用，有利于监管部门及时掌握施工起重机械和整体提升脚手架、模板等自升式架设设施的使用情况。

进行登记时应当提交施工起重机械有关资料，包括生产方面的资料，如设计文件、制造质量证明书、检验证书、使用说明书、安装证明等；使用的有关情况资料，如施工单位对于这些机械和设施的管理制度和措施、使用情况、作业人员的情况等。

（十）安全检查制度

安全检查制度是清除隐患、防止事故、改善劳动条件的重要手段，是企业安全生产管理工作的一项重要内容。

安全检查方式有企业组织的定期安全检查、各级管理人员的日常巡回检查、专业性检查、季节性检查、节假日前后的安全检查、班组自检、交接检查、不定期检查等。

安全检查的主要内容包括查思想、查管理、查隐患、查整改、查伤亡事故处理等。安全检查的重点是检查“三违”和安全责任制的落实。检查后应编写安全检查报告，报告应包括以下内容：已达标项目、未达标项目、存在的问题、原因分析、纠正和预防措施。

对查出的安全隐患，不能立即整改的要制订整改计划，定人、定措施、定经费、定完成日期，在未消除安全隐患前，必须采取可靠的防范措施，如有危及人身安全的紧急立即停工。应按照“登记—整改—复查—销案”的程序处理安全隐患。

（十一）生产安全事故报告和调查处理制度

关于生产安全事故报告和调查处理制度，《中华人民共和国安全生产法》《中华人民共和国建筑法》《建设工程安全管理条例》《生产安全事故报告和调查处理条例》《特种设备安全监察条例》等法律法规都对此做了相应的规定。《中华人民共和国建筑法》第五十一条规定，施工中发生事故时，建筑施工企业应当采取紧急措施减少伤亡和事故损失，并按照国家有关规定及时向有关部门报告。

《中华人民共和国安全生产法》第七十条规定，生产经营单位发生生产安全事故后，事故现场有关人员立即报告本单位负责人；单位负责人接到事故报告后，应当迅速采取有效措施，组织抢救，防止事故扩大，减少人员伤亡和财产损失，并按照国家有关规定立即如实报告当地负有安全生产监督管理职责的部门，不得隐瞒不报、谎报或者拖延不报，不得故意破坏事故现场、毁灭有关证据。

（十二）“三同时”制度

“三同时”制度是指凡是我国境内新建、改建、扩建的基本建设项目（工程）、技术改建项目（工程）和引进的建设项目，其安全生产设施必须符合国家规定的标准，必须与主体工程同时设计、同时施工、同时投入生产和使用。安全生产设施主要是指安全技术方面的设施、职业卫生方面的设施、生产辅助性设施。

（十三）安全预评价制度

安全预评价是在建设工程项目前期，应用安全评价的原理和方法对建设工程项目的危害性进行预测性评价。

开展安全预评价工作，是贯彻落实“安全第一，预防为主”方针的重要手段，是企业实施科学化、规范化安全管理的工作基础。科学、系统地开展安全评价工作，不仅直接起到了消除危险有害因素、减少事故发生的作用，有利于全面提高企业的安全管理水平，而且有利于系统地、有针对性地加强对不安全状况的治理、改造，最大限度地降低安全生产风险。

二、危险源辨识与风险评价

（一）危险源

危险源是安全管理的主要对象，虽然危险源的表现形式不同，但从本质上说，能够造成危害后果的危险源（如伤亡事故、人身健康受损害、物体受破坏和环境污染等），均可归结为能量的意外释放或约束、限制能量和危险物质措施失控的结果。（彭永林，2013）

根据危险源在事故发生发展中的作用，危险源分为以下两大类。

（1）第一类危险源。能量和危险物质的存在是危害产生的最根本原因，通常把可能发生意外释放的能量（能源或能量载体）或危险物质称为第一类危险源。第一类危险源是事故发生的物理本质，危险性主要表现为导致事故造成后果的严重程度。

（2）第二类危险源。造成约束、限制能量和危险物质措施失控的各种不安全因素称为第二类危险源。第二类危险源主要体现在设备故障或缺陷（物的不安全状态）、人为失误（人的不安全行为）和管理缺陷等几个方面。第二类危险源是导致事故的必要条件，决定事故发生的可能性。

（二）危险源识别方法

危险源识别是安全管理的基础工作，主要目的是要找出与每项工作活动有关的所有危险源，并考虑这些危险源可能会对什么人造成什么样的伤害，或导致什么设备设施损坏等。

危险源识别的方法有询问交谈、现场观察、查阅有关记录、获取外部信息、工作任务分析、安全检查表（Safety Check List，SCL）、危险与操作性研究、事故树分析、故障树分析等。这些方法各有特点和局限性，往往采用两种或两种以上的方法识别危险源。下面简单介绍常用的两种。

（1）专家调查法。专家调查法是通过向有经验的专家咨询、调查，识别、分析和评价危险源的一类方法。其优点是简便、易行，缺点是受专家的知识、经验和占有资料的限制，可能出现遗漏。常用的专家调查法有头脑风暴法（Brainstorming）和德尔菲（Delphi）法。

（2）安全检查表法。安全检查表实际上就是实施安全检查和诊断项目的明细表。运用已编制好的安全检查表，进行系统的安全检查，识别建设工程项目存在的危险源。安全检查表的内容一般包括分类项目、检查内容及要求、检查以后处理意见等，可以用“是”“否”

回答或"√""×"符号标记，同时注明检查日期，并由检查人员和被检单位同时签字。安全检查表法的优点是简单易懂，容易掌握，可以事先组织专家编制检查项目，使安全检查做到系统化、完整化；缺点是只能做出定性评价。

（三）危险源的评估

根据对危险源的识别、评估危险源造成的风险可能性和大小，对风险进行分级。简单风险等级评估分为Ⅰ、Ⅱ、Ⅲ、Ⅳ、Ⅴ五个风险等级。通过评估，可对不同等级的风险采取相应的风险控制措施。风险评价是一个持续不断的过程，应持续评审控制措施的充分性。当条件变化时，应对风险进行重新评估。

（四）风险的控制

1. 风险控制策划

风险评价后，应分别列出所找出的所有危险源和重大危险源清单，对已经评价出的不容许的风险和重大风险（重大危险源）进行优先排序，由工程技术主管部门的相关人员进行风险控制策划，制订风险控制措施计划或管理方案。对于一般危险源，可以通过日常管理程序来实施控制。

2. 风险控制措施计划

不同的组织、不同的建设工程项目需要根据不同的条件和风险量来选择适合的控制策略和管理方案。在实际应用中，应该根据风险评价所得出的不同风险源和风险量大小（风险水平），选择不同的控制策略。

三、施工安全技术措施

（一）建设工程施工安全技术措施

工程施工安全技术措施计划是对生产过程中的不安全因素，用技术手段加以消除和控制的文件，是落实"预防为主"方针的具体体现，是进行建设工程项目安全控制的指导性文件。

1. 施工安全技术措施的一般要求

（1）施工安全技术措施必须在工程开工前制订。

（2）施工安全技术措施要有全面性。

（3）施工安全技术措施要有针对性。

（4）施工安全技术措施应力求全面、具体、可靠。

（5）施工安全技术措施必须包括应急预案。

（6）施工安全技术措施要有可行性和可操作性。

2. 施工安全技术措施的主要内容

（1）进入施工现场的安全规定。

（2）地面及深槽作业的防护。

（3）高处及立体交叉作业的防护。

（4）施工用电安全。

（5）施工机械设备的安全使用。

（6）在采取“四新”技术时，有针对性的专门安全技术措施。

（7）有针对自然灾害预防的安全措施。

（8）预防有毒、有害、易燃、易爆等作业造成危害的安全技术措施。

（9）现场消防措施。

安全技术措施中必须包含施工总平面图，在图中必须对危险的油库、易燃材料库、变电设备、材料和构配件的堆放位置、塔式起重机、物料提升机（井架、龙门架）、施工用电梯、垂直运输设备位置、搅拌台的位置等按照施工需求和安全规程的要求明确提出具体要求。

对于结构复杂、危险性大、特性较多的分部分项工程，应编制专项施工方案和安全措施。例如，基坑支护与降水工程、土方开挖工程、模板工程、起重吊装工程、脚手架工程、拆除工程、爆破工程等，必须编制单项的安全技术措施，并要有设计依据、计算过程、详图、文字要求。

季节性施工安全技术措施，就是考虑夏季、冬季等不同季节的气候对施工生产带来的不安全因素可能造成的各种突发性事故，而从防护上、技术上、管理上采取的防护措施。一般工程可在施工组织设计或施工方案的安全技术措施中编制季节性施工安全措施，对于危险性大、高温期长的工程，应单独编制季节性的施工安全措施。

（二）安全技术交底

安全技术交底是一项技术性很强的工作，对于贯彻设计意图、严格实施技术方案、按图施工、循规操作、保证施工质量和施工安全至关重要。

1. 安全技术交底的内容

（1）本施工项目的施工作业特点和危险点。

（2）针对危险点的具体预防措施。

（3）应注意的安全事项。

（4）相应的安全操作规程和标准。

（5）发生事故后应及时采取的避难和急救措施。

2. 安全技术交底的要求

（1）项目经理部必须实行逐级安全技术交底制度，纵向延伸到班组全体作业人员。

（2）技术交底必须具体、明确，针对性强。

（3）技术交底的内容应针对分部分项工程施工中给作业人员带来的潜在危险因素和存在问题。

（4）应优先采用新的安全技术措施。

（5）对于涉及“四新”项目或技术含量高、技术难度大的单项技术设计，必须经过两个阶段技术交底，即初步设计技术交底和实施性施工图技术设计交底。

（6）应将工程概况、施工方法、施工程序、安全技术措施等向工长、班组长进行详细交底。

（7）定期向由两个以上作业队和多工种进行交叉施工的作业队伍进行书面交底。

（8）保存书面安全技术交底签字记录。

3. 安全技术交底的作用

（1）安全技术交底让一线作业人员了解和掌握该作业项目的安全技术操作规程和注意事项，减少因违章操作而导致事故的可能。

（2）安全技术交底是安全管理人员在项目安全管理工作中的重要环节。

（3）安全技术交底是安全管理内业的内容要求，同时做好安全技术交底也是安全管理人员自我保护的手段。

四、安全检查与预防措施

（一）安全检查的类型

项目安全检查的目的是清除隐患、防止事故、改善劳动条件及提高员工安全生产意识，是安全控制工作的一项重要内容。通过安全检查可以发现工程中的危险因素，以便有计划地采取措施，保证安全生产。施工项目的安全检查应由项目经理组织，定期进行。安全检查的主要类型包括以下几方面。

（1）全面安全检查。全面检查应包括职业健康安全管理方针、管理组织机构及其安全管理的职责、安全设施、操作环境、防护用品、卫生条件、运输管理、危险品管理、火灾预防、安全教育和安全检查制度等内容。

（2）经常性安全检查。建设工程项目和班组应开展经常性安全检查，及时排除事故隐患。工作人员必须在工作前，对所用的机械设备和工具进行仔细的检查，发现问题立即上报；下班前，必须进行班后检查，做好设备的维修保养和清整场地等工作，保证交接安全。

（3）专业或专职安全管理人员的专业安全检查。由于操作人员在进行设备的检查时，往往是根据其自身的安全知识和经验进行主观判断，因而有很大的局限性，不能反映出客观情况，流于形式。而专业或专职安全管理人员则有较丰富的安全知识和经验，通过其认真检查就能够达到较为理想的效果。

（4）季节性安全检查。要对防风防沙、防涝抗旱、防雷电、防暑防害等工作进行季节性的检查，根据各个季节自然灾害发生的规律，及时采取相应的防护措施。

（5）节假日检查。在节假日，坚持上班的人员较少，往往放松思想警惕，容易发生意外，而且一旦发生意外事故，也难以进行有效的救援和控制。因此，节假日必须安排专业安全管理人员进行安全检查，对重点部位要进行巡视。

（6）要害部门重点安全检查。对于企业要害部门和重要设备，必须进行重点检查。

（二）安全检查的主要内容

（1）查思想。检查企业领导和员工对安全生产方针的认识程度、对建立健全安全生产管理和安全生产规章制度的重视程度、对安全检查中发现的安全问题或安全隐患的处理态度等。

（2）查制度。为了实施安全生产管理制度，工程承包企业应结合本身的实际情况，建立、健全一整套本企业的安全生产规章制度，并落实到具体的建设工程项目施工任务中。在安全检查时，应对企业的施工安全生产规章制度进行检查。

（3）查管理。主要检查安全生产管理是否有效，安全生产管理和规章制度是否真正得到落实。

（4）查隐患。主要检查生产作业现场是否符合安全生产要求，检查人员应深入作业现场，检查工人的劳动条件、卫生设施、安全通道，零部件的存放、防护设施状况、粉尘及有毒有害作业部位点的达标情况、车间内的通风照明设施、个人劳动防护用品的使用是否符合规定，以及电气设备、压力容器、化学用品的存储情况等。要特别注意对一些要害部位和设备加强检查，如锅炉房、变电所及各种剧毒、易燃、易爆等场所。

（5）查整改。主要检查对过去提出的安全问题和发生安全生产事故及安全隐患后是否采取了安全技术措施和安全管理措施，进行整改的效果如何。

（6）查事故处理。检查对伤亡事故是否及时报告，对责任人是否已经做出严肃处理。在安全检查中必须成立一个适应安全检查工作需要的检查组，配备适当的人力、物力。检查结束后，应编写安全检查报告，说明已达标项目、未达标项目、存在问题、原因分析，给出纠正和预防措施的建议。

（三）建筑工程安全的隐患

建设工程安全隐患包括三个部分：人的不安全因素、物的不安全状态和组织管理上的不安全因素。

（1）人的不安全因素。人的不安全因素是指能够使系统发生故障或发生性能不良事件的个人的不安全因素和违背安全要求的错误行为。

不安全行为的类型包括操作失误、忽视安全、忽视警告，造成安全装置失效，使用不安全设备、手代替工具操作，物体存放不当，冒险进入危险场所，攀坐不安全位置，在起吊物下作业、停留，在机器运转时进行检查、维修、保养，有分散注意力的行为，未正确使用个人防护用品、用具，不安全装束，对易燃，易爆等危险物品处理错误等。

（2）物的不安全状态。物的不安全状态是指能导致事故发生的物质条件，包括机械设备或环境所存在的不安全因素。

物的不安全状态的内容包括物本身存在的缺陷、防护保险方面的缺陷、物的放置方法的缺陷、作业环境场所的缺陷、外部和自然界的不安全状态、作业方法导致的物的不安全状态，以及保护器具信号、标志和个体防护用品的缺陷。

物的不安全状态的类型包括防护等装置缺陷、个人防护用品缺陷、生产场地环境的缺陷及设备、设施等缺陷。

（3）组织管理上的不安全因素。组织管理上的缺陷也是事故潜在的不安全因素，作为间接的原因，它共有以下几方面：技术上的缺陷、教育上的缺陷、生理上的缺陷、心理上的缺陷、管理工作上的缺陷以及学校教育和社会、历史上的原因造成的缺陷。

（四）建筑工程安全隐患的处理

在工程建设过程中，安全事故隐患是难以避免的，但要尽可能预防和消除安全事故隐患的发生。首先需要项目参与各方加强安全意识，做好事前控制，建立健全各项安全生产管理制度，落实安全生产责任制，注重安全生产教育培训，保证安全生产条件所需资金的投入，将安全隐患消除在萌芽之中；其次是根据工程的特点确保各项安全施工措施的落实，加强对工程安全生产的检查监督，及时发现安全事故隐患；最后是对发现的安全事故隐患及时进行处理，查找原因，防止事故隐患的进一步扩大。

在《建设工程安全生产管理条例》中对建设单位、设计单位、监理单位、施工单位、供货商、工程监管部门等的事故安全隐患处理的义务和责任已有明确的界定。这里仅从施工单位角度谈其对事故安全隐患的处理方法。

（1）当场指正，限期纠正，预防隐患发生。

（2）做好记录，及时整改，消除安全隐患。

（3）分析统计，查找原因，制订预防措施。

（4）跟踪验证。

（五）建设工程生产安全事故应急预案和事故处理

应急预案是对特定的潜在事件和紧急情况发生时所采取措施的计划安排，是应急响应的行动指南。编制应急预案的目的是防止一旦紧急情况发生时出现混乱，按照合理的响应流程采取适当的救援措施，预防和减少可能随之引发的职业健康安全和环境影响。

制订应急预案，首先必须与重大环境因素和重大危险源相结合，特别是与这些环境因素和危险源一旦控制失效可能导致的后果相适应，其次要考虑在实施应急救援过程中可能产生新的伤害和损失。

应急预案包括综合应急预案、专项应急预案和现场处置方案。

第三节　建设工程安全事故处理

一旦事故发生，通过实施应急预案，尽可能防止事态的扩大和减少事故处理程序，查明原因，制定相应的纠正和预防措施，避免类似事故的再次发生。

一、事故处理的原则

对于发生事故后的处理原则（“四不放过”原则），严格把握“四不放过”——事故原因未查清不放过，事故责任人未受到处理不放过，事故责任人和周围群众没有受到教育不放过，事故没有制定切实可行的整改措施不放过。

二、建设工程安全事故处理的措施

（1）迅速抢救伤员并保护事故现场。事故发生后，事故现场有关人员应当立即向本单位负责人报告；单位负责人接到报告后，应当于 1 小时内向事故发生地县级以上人民政府安全生产监督管理部门、负有安全生产监督管理职责的有关部门以及建设行政主管部门报告；对于专业工程出现的安全事故，还需要向有关行业主管部门报告，并有组织、有指挥地抢救伤员、排除险情。

安全生产监督管理部门和负有安全生产监督管理职责的有关部门逐级上报事故情况，每级上报的时间不得超过 2 小时。对于事故报告后出现的新情况，应当及时补报。

（2）组织调查组，开展事故调查。特别重大事故由国务院或者国务院授权有关部门组织事故调查组进行调查。重大事故、较大事故、一般事故分别由事故发生地省级人民政府、市级人民政府、县级人民政府负责调查。

事故调查组有权向有关单位和个人了解与事故有关的情况，并要求其提供相关文件、资料，有关单位和个人不得拒绝。在事故调查中发现涉嫌犯罪的，事故调查组应当及时将有关材料或者其复印件移交司法机关处理。

（3）现场勘查。

（4）分析事故原因。

（5）制订预防措施。

（6）提交事故调查报告。事故调查组应当自事故发生之日起 60 日内提交事故调查报告：在特殊情况下，经负责事故调查的人民政府批准，提交事故调查报告的期限可以适当延长，但延长的期限最长不超过 60 日。事故调查报告应当包括下列内容：事故发生单位概况、事故发生经过和事故救援情况、事故造成的人员伤亡和直接经济损失、事故发生的原因和事故性质、事故责任的认定以及对事故责任者的处理建议、事故防范和整改措施。

（7）事故的审理和结案。对于重大事故、较大事故、一般事故，负责事故调查的人民政府应当自收到事故调查报告之日起15日内做出批复；对于特别重大事故，30日内做出批复；在特殊情况下，批复时间可以适当延长，但延长的时间最长不超过30日。

负有事故责任的人员涉嫌犯罪的，依法追究其刑事责任。

第四节 建设工程文明施工及环境保护管理

一、施工现场文明施工

文明施工是指保持施工现场良好的作业环境、卫生环境和工作秩序。因此，文明施工也是保护环境的一项重要措施。文明施工主要包括规范施工现场的场容，保持作业环境的整洁卫生；科学组织施工，使生产有序进行；减少施工对周围居民和环境的影响；遵守施工现场文明施工的规定和要求，保证职工的安全和身体健康。

（一）建设工程现场文明施工的要求

依据我国相关标准，文明施工的要求主要包括现场围挡、封闭管理、施工场地、材料堆放、现场住宿、现场防火、治安综合治理、施工现场标牌、生活设施、保健急救、社区服务等内容。

实现文明施工，不仅要抓好现场的场容管理，而且要做好现场材料、机械、安全、技术、保卫、消防和生活卫生等方面的工作。

（二）建设工程现场文明施工的措施

1. 加强现场文明施工的组织措施

加强现场文明施工的组织措施包括建立文明施工的管理组织，健全文明施工的管理制度。

2. 落实现场文明施工的各项管理措施

（1）施工总平面图应对施工机械设备设置、材料和构配件的堆场、现场加工场地，以及现场临时运输道路、临时供水供电线路和其他临时设施进行合理布置，并随工程实施的不同阶段进行场地布置和调整。

（2）施工现场必须设有“五牌一图”，即工程概况牌、管理人员名单及监督电话牌、消防保卫（防火责任）牌、安全生产牌、文明施工牌和施工现场平面图。施工现场必须实行封闭管理，市区主要路段和其他涉及市容景观路段的工地设置围挡的高度不低于2.5m，其他工地的围挡高度不低于1.8m。

（3）施工现场作业区、生活区主干道地面、场内其他次道路地面应做硬化处理，保证施工现场道路畅通、平坦、整洁，排水畅通。

（4）建筑材料、构配件、料具必须按施工现场总平面布置图堆放，布置合理，分门别类堆放安全并悬挂统一制作标牌，标明名称、品种、规格数量等，并建立材料收发管理制度，仓库、工具间材料堆放整齐，易燃、易爆物品分类堆放，由专人负责，确保安全。

（5）施工现场作业区与办公、生活区必须明显划分；宿舍周围环境应保持整洁、安全；食堂应有良好的通风和洁卫措施。

（6）现场建立消防管理制度，落实消防责任制和责任人员，施工现场用明火应严格按动用明火规定执行，审批手续齐全。

（7）展开卫生防病教育，准备必要的医疗设施，配备经过培训的急救人员，有急救措施、急救器材和保健医药箱。在现场办公室的显著位置张贴急救车和有关医院的电话号码等。

（8）加强社区服务管理，建立施工不扰民的措施。现场不得焚烧有毒、有害物质等。

（9）按照治安管理条例和施工现场的治安管理规定做好各项管理工作。建立现场治安保卫领导小组，由专人管理；建立门卫值班管理制度，严禁无证人员和其他闲杂人员进入施工现场。

3. 建立检查考核制度

对于建设工程文明施工，国家和各地大多制定了标准或规定，也有比较成熟的经验。在实际工作中，项目应结合相关标准和规定建立文明施工考核制度，推进各项文明施工措施的落实。

4. 抓好文明施工建设工作

抓好文明施工建设工作，需要建立宣传制度，现场宣传安全生产、文明施工、国家大事、社会形势、企业精神、好人好事等，还要做到坚持以人为本，加强管理人员和班组文明建设，主动与有关单位配合，积极开展共建文明活动，树立企业良好的社会形象。

二、施工现场环境保护

施工现场环境保护是按照法律法规、各级主管部门和企业的要求，保护和改善施工作业现场的环境，控制作业现场的各种粉尘、废水、废气、固体废弃物、噪声、振动等对环境的污染和危害。环境保护也是文明施工的重要内容之一。

（一）施工现场环境保护的要求

根据《中华人民共和国环境保护法》和《中华人民共和国环境影响评价法》有关规定，建设工程项目对环境保护的基本要求如下：

（1）涉及依法划定的自然保护区、风景名胜区、生活饮用水水源保护区及其他需要特别保护的区域时，应当符合国家有关法律法规及该区域内建设工程项目环境管理的规定，不得建设污染环境的工业生产设施；建设的工程项目设施的污染物排放不得超过规定的排放标准。

（2）开发利用自然资源的项目，必须采取措施保护生态环境。

（3）建设工程项目选址、选线、布局应当符合区域、流域规划和城市总体规划。

（4）应满足项目所在区域环境质量、相应环境功能区划和生态功能区划标准或要求。

（5）拟采取的污染防治措施应确保污染物排放达到国家和地方规定的排放标准，满足污染物总量控制要求；涉及可能产生放射性污染的项目，应采取有效预防和控制放射性污染措施。

（6）建设工程应当采用节能、节水等有利于环境与资源保护的建筑设计方案、建筑材料、装修材料、建筑构配件及设备。建筑材料和装修材料必须符合国家标准。禁止生产、销售和使用有毒、有害物质超过国家标准的建筑材料和装修材料。

（7）尽量减少建设工程施工中所产生的干扰周围生活环境的噪声。

（8）应采取生态保护措施，有效预防和控制生态破坏。

（9）对于环境可能造成重大影响、应当编制环境影响报告书的建设工程项目，可能严重影响项目所在地居民生活环境质量的建设工程项目，以及存在重大意见分歧的建设工程项目，环保部门可以举行听证会，听取有关单位、专家和公众的意见，并公开听证结果，说明对有关意见采纳或不采纳的理由。

（10）建设工程项目中采取的防治污染的设施，必须与主体工程同时设计、同时施工、同时投产使用。防治污染的设施必须经原审批环境影响报告书的环境保护行政主管部门验收合格后，该建设工程项目方可投入生产或者使用。

（11）禁止引进不符合我国环境保护规定要求的技术和设备。

（12）任何单位不得将产生严重污染的生产设备转移给没有污染防治能力的单位使用。

（二）建设工程施工现场环境保护的措施

工程建设过程中的污染主要包括对施工场界内的污染和对周围环境的污染。对施工场界内的污染防治属于职业健康安全问题，而对周围环境的污染防治属于环境保护的问题。

建设工程环境保护措施主要包括空气污染的防治、水污染的防治、噪声污染的防治、固体废物的处理以及文明施工措施等。

1. 施工现场空气污染的防治措施

（1）施工现场垃圾渣土要及时清理出现场。

（2）对高大建筑物清理施工垃圾时，要使用封闭式的容器或者采取其他措施处理高空废弃物，严禁凌空随意抛撒。

（3）施工现场道路应指定专人定期洒水清扫，形成制度，防止道路扬尘。

（4）对于细颗粒散体材料（如水泥、粉煤灰、白灰等）的运输、储存要注意遮盖、密封，防止和减少飞扬。

（5）车辆开出工地要做到不带泥沙，基本做到不洒土、不扬尘，减少对周围环境污染。

（6）除设有符合规定的装置外，禁止在施工现场焚烧油毡、橡胶、塑料、皮革、树叶、枯草、各种包装物等废弃物品以及其他会产生有毒、有害烟尘和恶臭气体的物质。

（7）机动车都要安装减少尾气排放的装置，确保符合国家标准。

（8）工地茶炉应尽量采用电热水器。若只能使用烧煤茶炉和锅炉时，应选用消烟除尘型茶炉和锅炉，大灶应选用消烟节能回风炉灶，使烟尘降至允许排放范围为止。

（9）大城市市区的建设工程不允许搅拌混凝土。在允许设置搅拌站的工地，应将搅拌站封闭严密，并在进料仓上方安装除尘装置，采用可靠措施控制工地粉尘污染。

（10）拆除旧建筑物时，应适当洒水，防止扬尘。

2. 施工过程水污染的防治措施

（1）禁止将有毒、有害废弃物做土方回填。

（2）施工现场搅拌站废水、现制水磨石的污水、电石（碳化钙）的污水必须经沉淀池沉淀合格后再排放，最好将沉淀水用于工地洒水降尘或采取措施回收利用。

（3）现场存放油料，必须对库房地面进行防渗处理，如采用防渗混凝土地面、铺油毡等措施。使用时，要采取防止油料跑、冒、滴、漏的措施，以免污染水体。

（4）施工现场100人以上的临时食堂，污水排放时可设置简易有效的隔油池，定期清理，防止污染。

（5）工地临时厕所、化粪池应采取防渗漏措施。中心城市施工现场的临时厕所可采用水冲式厕所，并有防蝇灭蛆措施，防止污染水体和环境。

（6）化学用品、外加剂等要妥善保管，库内存放，防止污染环境。

3. 施工现场噪声的控制措施

《建筑施工场界环境噪声排放标准》(GB 12523—2011) 规定了建筑施工场界环境噪声排放限值及测量方法，昼间噪声限值为70dB，夜间噪声限值为55dB。市政、通信、交通、水利等领域的施工噪声排放可参照该标准执行，抢修、抢险施工过程中产生的噪声排放不适用该标准。根据《中华人民共和国环境噪声污染防治法》，“昼间”是指6：00～22：00的时段；“夜间”是指22：00～次日6：00的时段。在工程施工中，要特别注意不得超过国家标准的限值，尤其是夜间禁止打桩作业。噪声控制技术可从声源、传播途径、接受者防护等方面来考虑。

4. 固体废物的处理

（1）建设工程施工工地上常见的固体废物。①建筑渣土：包括砖瓦、碎石、渣土、混凝土碎块、废钢铁、碎玻璃、废屑、废弃装饰材料等。②废弃的散装大宗建筑材料：包括水泥、石灰等。③生活垃圾：包括炊厨废物、丢弃食品、废纸、生活用具、玻璃、陶瓷碎片、废电池、废日用品、废塑料制品、煤灰渣、废交通工具等。④设备、材料等的包装材料。⑤粪便。

（2）固体废物的处理和处置。固体废物处理的基本思想是，采取资源化、减量化和无害化的处理，对固体废物产生的全过程进行控制。固体废物的主要处理方法主要有回收利用、减量化处理、焚烧、稳定和固化、填埋。

参考文献

[1] 裘建娜，赵秀云 . 建设工程项目管理 [M]. 北京：中国铁道出版社，2020.

[2] 汪雄进，唐少玉 . 建设工程项目管理 [M]. 重庆：重庆大学出版社，2020.

[3] 叶宏 . 建设工程项目管理 [M]. 北京：中国建材工业出版社，2019.

[4] 熊勇 . 建设工程项目管理 [M]. 镇江：江苏大学出版社，2019.

[5] 邹登雄 . 建设工程项目管理 [M]. 哈尔滨：哈尔滨工程大学出版社，2019.

[6] 朱祥亮，漆玲玲 . 建设工程项目管理 [M]. 南京：东南大学出版社，2019.

[7] 陈玲燕 . 建设工程项目管理 [M]. 武汉：华中科技大学出版社，2017.

[8] 施炯 . 建设工程项目管理 [M]. 杭州：浙江工商大学出版社，2015.

[9] 解本政，张晓丽，张暄副 . 建设工程项目管理案例 [M]. 徐州：中国矿业大学出版社，2016.

[10] 王建廷，王振坡 . 建设工程项目管理及工程经济 [M]. 重庆：重庆大学出版社，2012.

[11] 王志毅 . 建设工程项目管理新论与实务 [M]. 北京：中国建材工业出版社，2012.

[12] 田丽，马铭 . 建设工程项目管理 [M]. 北京：知识产权出版社，2015.

[13] 李清立 . 建设工程项目管理 [M]. 北京：中国建材工业出版社，2014.

[14] 蔡伟庆，邹蓓虹，龚志祥 . 建设工程项目管理 [M]. 北京：北京邮电大学出版社，2013.

[15] 邱国林，刘茉，王淋 . 建设工程项目管理 [M]. 武汉：武汉大学出版社，2014.

[16] 罗中，张涛，刘宏伟 . 建设工程项目管理 [M]. 哈尔滨：哈尔滨工业大学出版社，2013.

[17] 樊燕燕，李子奇 . 建设工程项目管理 [M]. 北京：中国铁道出版社，2012.

[18] 赵洁，张昊天 . 质量控制策略在建筑工程项目管理中的探究 [J]. 住宅与房地产，2018(19)：183.

[19] 白明玥 . 房屋建设工程施工质量控制要点研究 [J]. 四川水泥，2019(1)：294–295.

[20] 李正龙 . 浅谈建设工程项目管理工作 [J]. 建设监理，2021(12)：37–40.

[21] 林健 . 简述提高建筑工程管理及施工质量控制的有效策略 [J]. 建材与装饰，

2019(21)：193–194.

[22] 舒丽 . 建筑工程项目管理中的质量控制研究 [J]. 工程技术研究，2018(5)：150–151.

[23] 付晨星 . 建筑工程项目管理的质量控制研究 [J]. 住宅与房地产，2018(16)：129，133.

[24] 彭永林 . 基于当前建筑工程项目质量控制与管理的探讨 [J]. 中华民居 (下旬刊)，2013(4)：171–172.

[25] 石南疆 . 对房屋建筑施工过程中项目管理的分析 [J]. 建材与装饰，2018(28)：160–161.

[26] 孙圣杰 . 建筑工程项目管理的质量控制策略分析 [J]. 城市建设理论研究 (电子版)，2018(36)：43.

[27] 余其 . 建设工程项目管理中业主的质量控制 [J]. 建材与装饰，2019(27)：174–175.

[28] 王国祥 . 建筑工程项目管理质量控制策略 [J]. 中国设备工程，2020(5)：85–87.

[29] 刘治清 . 建筑工程管理现状及控制策略探究 [J]. 建材与装饰，2018(46)：203–204.

[30] 张爱萍 . 建筑工程项目管理的发展趋势及策略 [J]. 江西建材，2015(5)：266.

[31] 郑常宏 . 我国工程项目管理问题分析及对策研究 [J]. 化学工程与装备，2018(4)：299–300.

[32] 沈欢欢，姜云瑞，李翔宇，等 . 建设工程项目管理的阶段划分与重点控制研究 [J]. 中国住宅设施，2021(10)：53–54.

[33] 王武鸿 . 浅析建设工程项目实施阶段管理与控制中甲方的作用 [J]. 四川水泥，2019(12)：208.

[34] 唐容容，柯君行，黄霄 . 浅析我国工程管理模式发展现状及问题分析 [J]. 江西建材，2016(2)：289–290.

[35] 符思博 . 建筑工程施工质量管理方法及控制策略研究 [J]. 四川水泥，2018(10)：172.

[36] 钟豪 . 建筑工程施工项目质量管理与应用研究 [J]. 四川水泥，2016(02)：120–121.

[37] 马志刚 . 房屋建筑工程施工质量管理措施浅析 [J]. 中小企业管理与科技 (下旬刊)，2011(9)：166.

[38] 武乾，高书华，周韬 . 建筑施工项目进度控制的综合评价 [J]. 西安科技大学学报 ,2011,31(4):412–419.

[39] 刘广文 . 浅析工程项目施工管理 [J]. 工业建筑 ,2011,41(S1):1106–1108，1115.